पर्यावरण कानूनों का परिचय

शिव प्रसाद बोस

यह पुस्तक भारत में पर्यावरण कार्यकर्ताओं और पर्यावरण प्रदूषण से प्रभावित सभी लोगों को समर्पित है।

क्रम-सूची

प्रस्तावना

पर्यावरण किसी भी देश और उसके लोगों के लिए एक अनमोल संसाधन है। भारत जैसे तेजी से विकासशील देशों के लिए प्रदूषण, वनों की कटाई, वन्यजीवों और समुद्री जीवन के गायब होने जैसी कई पर्यावरणीय समस्याएं हैं। इसलिए पर्यावरण को विनाश से बचाने और संरक्षित करने के लिए पर्यावरण कानूनों की आवश्यकता है।

इस पुस्तक में, हम सबसे पहले पर्यावरण से संबंधित मुद्दों का परिचय प्रस्तुत करते हैं। फिर हम पर्यावरण की रक्षा के लिए मुख्य कानूनों को संक्षेप में प्रस्तुत करते हैं। इन कानूनों में पर्यावरण के विभिन्न पहलू जैसे वन्यजीव, प्रदूषण नियंत्रण, वन आवरण और अपशिष्ट प्रबंधन शामिल हैं। कुल मिलाकर, ये कानून भारत की हवा, पानी और मिट्टी से जुड़ी जैव विविधता और पर्यावरण संसाधनों की रक्षा और संरक्षण के लिए एक व्यापक प्रणाली प्रस्तुत करते हैं।

यह आशा की जाती है कि यह पुस्तक उन लोगों को परिचयात्मक मार्गदर्शन प्रदान करेगी जो पर्यावरण के मुद्दों में रुचि रखते हैं और जो भारत में पर्यावरण से संबंधित कानूनों से परिचित होना चाहते हैं।

पावती (स्वीकृति)

इस पुस्तक को लिखने में, लेखक कृतज्ञतापूर्वक निम्नलिखित स्रोतों से सहायता स्वीकार करते हैं:

- McGraw-Hill Concise Encyclopaedia of Science and Technology. Sybil P Parker (Editor), McGraw Hill, 1984
- The Ecology Book: Big Ideas Simply Explained. Dorling Kindersley, 2019

1

पारिस्थितिकी का परिचय

इस अध्याय में हम पारिस्थितिकी (Ecology) की कुछ परिचयात्मक अवधारणाओं और पर्यावरण से संबंधित इसके पहलुओं का परिचय देते हैं।

1.1 पारिस्थितिकी क्या है

पारिस्थितिकी जीवों के उनके पर्यावरण से संबंध का अध्ययन है। यह जीवों के समूहों के भूमि, महासागरों, नदियों और झीलों में कार्यात्मक प्रक्रियाओं से संबंधित है। यह प्रकृति की संरचना और कार्य का अध्ययन है। इसे जीव विज्ञान के हिस्से के रूप में माना जा सकता है, जो सभी जीवन के लिए बुनियादी सिद्धांतों के साथ-साथ प्रकृति पर लागू होने वाले एकीकृत सिद्धांतों से संबंधित हैं। पारिस्थितिकी में जीवों, व्यक्तियों या प्रजातियों के साथ-साथ जीवों के समुदायों के पर्यावरणीय संबंध भी शामिल हो सकते हैं।

पारिस्थितिकी एक विशाल विषय है जिसमें जीवित प्रजातियों और भौतिक पारिस्थितिक तंत्र के बीच संबंधों को समझने के लिए कई विषयों को शामिल किया गया है। इसमें विज्ञान की विभिन्न शाखाओं जैसे जीव विज्ञान, प्राणीशास्त्र, रसायन विज्ञान और भौतिकी के साथ-साथ अर्थशास्त्र जैसे सामाजिक विज्ञान के पहलुओं से प्राप्त ज्ञान शामिल है, जिनसे गहन दार्शनिक और नैतिक प्रश्न उठाते हैं।

चूंकि हम मनुष्य प्राकृतिक प्रणालियों पर निर्भर हैं, पारिस्थितिकी कुछ महत्वपूर्ण राजनीतिक मुद्दों जैसे कि जलवायु परिवर्तन, ओजोन (Ozone) परत, समुद्र के बढ़ते स्तर, वन्यजीवों या समुद्री जीवन के गायब होने और जीवाश्म ईंधन की निकासी को भी प्रभावित करती है।

1.2 पारिस्थितिकी के दृष्टिकोण

पारिस्थितिकी को इन तरीकों उप-विभाजित किया जा सकता है:

- व्यक्तिगत जीवों से परे संगठन के स्तर के संदर्भ में। स्तरों को प्रोटोप्लाज्म, कोशिकाओं, ऊतकों, अंगों, अंग प्रणालियों, जीवों, आबादी, समुदायों और पारिस्थितिक तंत्र में

विभाजित किया जा सकता है।

- पारिस्थितिकी को जीवों या अध्ययन किए गए जीवों के वर्गीकरण समूहों के आधार पर विभाजित करना, जैसे कि कीट पारिस्थितिकी।
- आवास या पर्यावरण के प्रकार पर आधारित, जैसे समुद्री पारिस्थितिकी, मीठे पानी की पारिस्थितिकी आदि।

पारिस्थितिकी में जनसंख्या का शब्द, मूल रूप से लोगों के एक समूह को निरूपित करने के लिए प्रयोग किया जाता है, जीव की किसी एक प्रजाति के व्यक्तियों के समूहों को शामिल करने के लिए विस्तृत किया जाता है। पारिस्थितिक अर्थों में समुदाय, जिसे कभी-कभी एक जैविक समुदाय के रूप में नामित किया जाता है, में किसी भी स्थान की सभी प्रजातियों की आबादी शामिल होती है।

समुदाय या व्यक्ति और निर्जीव पर्यावरण एक पारिस्थितिक तंत्र के रूप में एक साथ कार्य करते हैं। पारिस्थितिक तंत्र के रूप में पृथ्वी को सामान्यतः जीवमंडल कहा जाता है।

यह ध्यान दिया जाना चाहिए कि जीवों के कुछ गुण प्रकृति की कुछ जाँचों और संतुलनों और शक्तियों के परिणामस्वरूप सामान्य या एकीकृत हो सकते हैं। उदाहरण के लिए, एक पूरे जंगल या एक खेत की प्रकाश संश्लेषण की दर अलग-अलग पौधों की तुलना में अधिक सामान्य हो सकती है, क्योंकि जब प्रजातियों में से एक धीमा हो जाता है, तो अन्य क्षतिपूर्ति करने के लिए तेज हो सकते हैं।

1.3 पारिस्थितिकी के उपखंड

पारिस्थितिकी के प्रभागों में निम्नलिखित शामिल हैं:

- सिस्टम पारिस्थितिकी: गणितीय अवधारणाओं की सहायता से मात्रात्मक और गुणात्मक संबंधों की खोज।
- सीनेकोलोजी (Synecology): जीवों के समूहों जैसे समुदायों का अध्ययन।
- ऑटोकोलॉजी: जीवों या प्रजातियों के पर्यावरण संबंधों का अध्ययन।
- अनुप्रयुक्त पारिस्थितिकी: इसमें पारिस्थितिक सिद्धांतों का अनुप्रयोग और मानव समस्याओं को हल करने के लिए पारिस्थितिक तंत्र के सिद्धांतों और तकनीकों का ज्ञान शामिल है। ये विशिष्ट पर्यावरणीय समस्याएं और समग्र रूप से जीवमंडल का प्रबंधन हो सकते हैं। मनुष्य पारिस्थितिकी तंत्र का एक अभिन्न अंग हैं और अपनी निरंतर भलाई के लिए इसके स्वस्थ कामकाज पर निर्भर हैं।

चित्र: पारिस्थितिकी तंत्र। Midjourney AI द्वारा AI जनित कला

1.4 पारिस्थितिकी तंत्र (Ecosystem)

पारिस्थितिकी तंत्र (इकोसिस्टम) एक ऐसी प्रणाली को संदर्भित करता है जिसमें एक समुदाय के जीवों को उनके पर्यावरण के साथ शामिल किया जाता है। इसमें जीवों के सभी प्राकृतिक समुदाय या समूह शामिल हैं जो एक साथ रहते हैं और एक दूसरे पर निर्भर हैं और अपने पर्यावरण से निकटता से संबंधित हैं।

'पारिस्थितिकी तंत्र' शब्द को पर्यावरण के किसी भी आकार या स्तर पर लागू किया जा सकता है, जैसे कि सड़ते हुए वृक्षों के भीतर सूक्ष्म समुदाय या बड़े पैमाने के समुदाय जैसे जंगल। यहां तक कि दुनिया के सभी जीवों को एक विश्व समुदाय के रूप में माना जा सकता है जो एक एकल विश्व पारिस्थितिकी तंत्र का निर्माण करता है, जिसका जीवित हिस्सा

जीवमंडल (बायोस्फियर) है।

पारिस्थितिकी तंत्र के संबंध में जीवों के निम्नलिखित पहलुओं की पहचान की जा सकती है:

- स्थान जहाँ यह स्थित है, भौतिक और रासायनिक कारकों के संदर्भ में वर्णित।
- कार्यात्मक आवास का गठन करने वाले समुदाय का प्रकार।
- अन्य जीवों के साथ अपने संबंधों सहित समुदाय के भीतर स्थान।

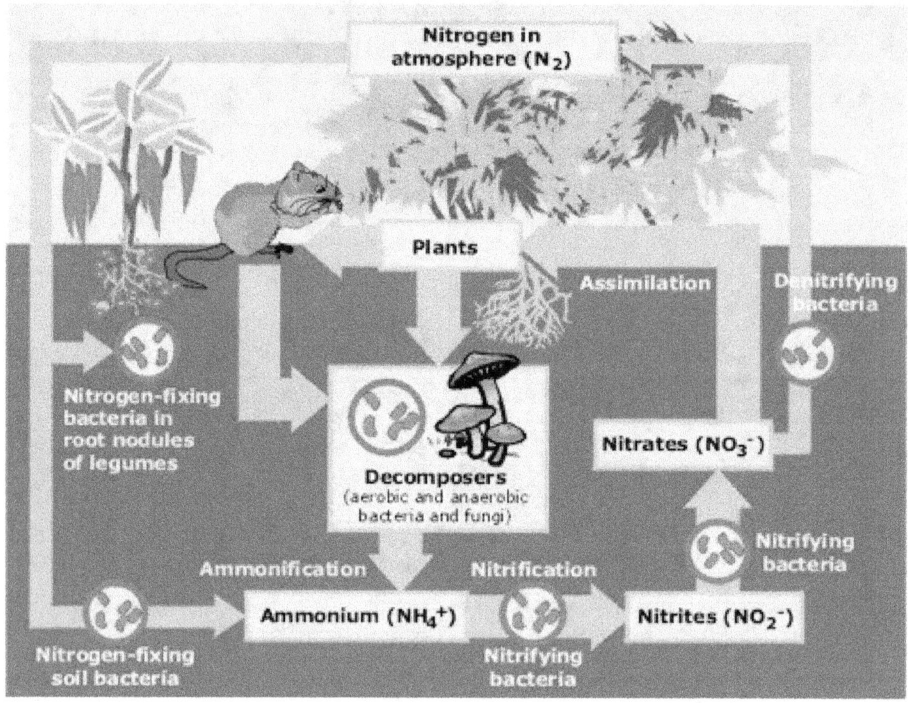

चित्र: एक पारितंत्र में नाइट्रोजन चक्रण. U.S. Environmental Protection Agency, Public domain, via Wikimedia Commons

एक पारिस्थितिकी तंत्र के भीतर, कुछ प्रमुख अंशों या विभाजनों की पहचान की जा सकती है। उदाहरण के लिए, एक स्थलीय पारिस्थितिकी तंत्र में निम्नानुसार 4-5 उपखंड हो सकते हैं:

- भौतिक वातावरण, जैसे कि जलवायु।

- मिट्टी, अगर हम इसे भौतिक पर्यावरण से अलग मानते हैं।
- वनस्पति या पौधे समुदाय।
- पशु समुदाय।
- सैप्रोब समुदाय, जिसमें बैक्टीरिया और कवक शामिल हैं।

1.5 पारिस्थितिक अंतःक्रिया

यह एक पारिस्थितिक समुदाय से संबंधित विभिन्न प्रजातियों के सदस्यों के बीच संबंधों को संदर्भित करता है। पारिस्थितिक विज्ञानी आम तौर पर इन अंतःक्रियाओं को एक प्रजाति के सदस्यों द्वारा दूसरी प्रजाति पर जनसंख्या वृद्धि दर पर प्रभाव के अनुसार वर्गीकृत करते हैं। यदि एक में वृद्धि से दूसरी प्रजाति की वृद्धि दर में वृद्धि होती है, तो प्रभाव सकारात्मक होता है, अन्यथा नकारात्मक। यदि पहली प्रजाति के परिणामस्वरूप दूसरी की वृद्धि दर में न तो वृद्धि होती है और न ही कमी होती है, तो प्रभाव तटस्थ होता है।

जीवों की वृद्धि दर पर प्रभाव प्रत्यक्ष या अप्रत्यक्ष हो सकता है। एक सीधा प्रभाव हो सकता है, उदाहरण के लिए, विभिन्न प्रजातियों के सदस्यों के बीच क्षेत्रीय लड़ाई के कारण। एक तीसरी प्रजाति को शामिल करके एक अप्रत्यक्ष प्रभाव हो सकता है। उदाहरण के लिए, केंचुए पौधों की वृद्धि को बढ़ाते हैं और इस प्रकार कैटरपिलर को अधिक भोजन प्रदान करते हैं, जिससे उनकी वृद्धि दर भी बढ़ती है।

अंतर्जातीय प्रतिस्पर्धा तब होती है जब दो प्रजातियां एक दूसरे को नकारात्मक रूप से प्रभावित करती हैं। इस तरह की प्रतिस्पर्धा के मुख्य प्रकार इस प्रकार हैं:

- प्रजातियों के बीच शोषण प्रतिस्पर्धा: यह तब होता है जब एक प्रजाति के जीव अपनी जनसंख्या वृद्धि दर को कम करते हुए भोजन जैसे संसाधन का उपभोग करके दूसरे को वंचित कर देते हैं।
- हस्तक्षेप प्रतिस्पर्धा: यह तब होता है जब एक प्रजाति के सदस्य सीधे दूसरे को नुकसान पहुंचाते हैं, जैसे कि विषाक्त पदार्थ पैदा करना, मारना, लड़ना या उन्हें घायल करना।
- सूक्ष्म प्रकार की प्रतिस्पर्धा: ये तब हो सकते हैं जब विभिन्न प्रजातियों के जीव इस तरह से परस्पर क्रिया करते हैं ताकि ऊर्जा का उपयोग किया जा सके जो कि संतानों के उत्पादन के लिए अन्यथा उपयोग किया जा सकता है, इस प्रकार प्रतिस्पर्धी प्रजातियों की वृद्धि दर को नुकसान पहुंचा सकता है।
- परभक्षण: यह तब होता है जब एक प्रजाति (शिकारी) के व्यक्ति दूसरे (शिकार) को खा जाते हैं। इस बातचीत में शिकारी को फायदा होता है और शिकार को नुकसान होता है। या तो शिकारी या शिकार, या दोनों, जानवर, पौधे या परजीवी हो सकते हैं। इसके उदाहरण हो सकते हैं गौरैया खाने वाला बाज, बीज खाने वाली गौरैया, कीट खाने वाला वीनस फ्लाईट्रैप, कुत्ते से खून खींचने वाला टिक, या इंसान को संक्रमित करने वाला बैक्टीरिया।

- पारस्परिकता: यह तब होता है जब दो प्रजातियां एक दूसरे को सकारात्मक रूप से प्रभावित करती हैं। यह अंतःक्रिया एक या दोनों प्रजातियों के अस्तित्व के लिए आवश्यक हो सकती है, या गैर-आवश्यक (जिसे प्रोटोकोऑपरेशन कहा जाता है)। उदाहरण के लिए, दीमक जो लकड़ी के पौधे के हिस्सों का उपभोग करते हैं, वे सेल्युलोज को पचाने के लिए प्रोटोजोआ पर निर्भर होते हैं। कुछ पौधे जीवाणुओं पर निर्भर होते हैं जो मिट्टी में वायु क्षेत्र से नाइट्रोजन निकालते हैं और इसे पौधे को उपलब्ध कराते हैं। लाइकेन शैवाल और कवक से बने होते हैं, जहां शैवाल प्रकाश संश्लेषण कर सकते हैं और कवक को विभिन्न कार्बनिक यौगिक प्रदान कर सकते हैं, और कवक उस चट्टान से पोषक तत्वों को भंग कर सकते हैं जिस पर शैवाल रहते हैं।

- सहभोजवाद: यह तब होता है जब एक प्रजाति दूसरे को सकारात्मक रूप से प्रभावित करती है लेकिन स्वयं बहुत कम प्रभावित होती है। उदाहरणों में शामिल हैं ऑर्किड जैसे पौधे जो अन्य पौधों जैसे पेड़ों पर उगते हैं: पहले वाले को लाभ होता है, और बाद वाले पर अधिक प्रभाव नहीं पड़ता।

1.6 पारिस्थितिक उत्तराधिकार

यह एक क्रमिक प्रक्रिया को संदर्भित करता है जो एक समुदाय की प्रत्येक प्रजाति के जीवों की संख्या में नई प्रजातियों की आबादी की स्थापना द्वारा लाया जाता है जो धीरे-धीरे मूल निवासियों की जगह ले सकता है।

ऐसा उत्तराधिकार कई कारकों पर निर्भर कर सकता है:

- क्षेत्र के वनस्पति और जीव सामान्य रूप से यानी कि कौन से जीव किसी साइट पर आक्रमण करने की स्थिति में हैं।
- आवास के परिवर्तन की दर और संभावित आक्रमणकारियों के प्रति इसकी ग्रहणशीलता।
- संभावना कारक जो प्रजातियों के बीच बातचीत को प्रभावित कर सकते हैं

शब्द "सेरे" का उपयोग उन सभी अस्थायी समुदायों का वर्णन करने के लिए किया जाता है जो किसी दिए गए साइट में क्रमिक अनुक्रम के दौरान होते हैं। अंततः उत्तराधिकार समाप्त हो जाता है, और समुदाय की प्रजातियों की संरचना में परिवर्तन या तो समाप्त हो जाता है या कुछ सीमाओं के भीतर उतार-चढ़ाव होता है।

उत्तराधिकार अनुक्रमों को प्रारंभिक आवास के आधार पर वर्गीकृत किया जा सकता है। कुछ उदाहरण इस प्रकार हैं:

- हाइड्रोसेरेस ऐसे समुदाय हैं जिनमें अग्रणी पौधे खुले पानी पर आक्रमण करते हैं, अंततः किसी प्रकार की मिट्टी जैसे पीट या बतख का निर्माण करते हैं।

- सेरोसेर्स (Xeroseres) सूखी और बाँझ जमीन जैसे चट्टान, रेत या मिट्टी पर रहने वाले समुदाय हैं।

यदि एक खुले आवास पर पहले कभी कब्जा नहीं किया गया है, तो क्षेत्र प्राथमिक उत्तराधिकार के लिए परिपक्व है। यदि निवास स्थान को परेशान किया गया है, तो मिट्टी, बीज या अन्य कार्बनिक मलबे के अवशेषों को पिछले कब्जे से छोड़कर, एक नया उत्तराधिकार शुरू होगा।

जैसे ही एक क्षेत्र पर पौधों और जानवरों की क्रमिक आबादी द्वारा आक्रमण किया जाता है और कब्जा कर लिया जाता है, समुदाय का चरित्र और संरचना बदल जाती है। पृथक अग्रणी पौधे अंततः पौधे के आवरण के समेकन का मार्ग प्रशस्त करते हैं। नई प्रजातियां जो आवास के संसाधनों का बेहतर उपयोग कर सकती हैं, धीरे-धीरे खत्म हो जाती हैं। अंत में, चरमोत्कर्ष समुदाय स्थापित हो जाता है, और जन्म दर स्थिर होने के बाद से समय के साथ स्थिर हो सकता है।

समुदायों के प्रभावी मानव प्रबंधन के लिए उत्तराधिकार की समझ महत्वपूर्ण है। मानव गतिविधियों में आम तौर पर निम्नलिखित तरीकों से उत्तराधिकार को नियंत्रित करने या रोकने का प्रभाव होता है:

- जंगलों को शिकार या कृषि के लिए उपयुक्त रखने के लिए, अंडरब्रश को हटाकर आग का उपयोग किया जा सकता है।
- चूंकि अधिकांश प्रमुख फसल पौधे अग्रणी चरण के वार्षिक होते हैं, इसलिए उत्तराधिकार को बनाए रखने के लिए नियमित जुताई की आवश्यकता होती है।
- घास काटने और चरने के माध्यम से, जो घास के पक्ष में हैं और पेड़ के पौधे को मारते हैं।
- शाकनाशी रसायनों के साथ चयनात्मक खरपतवार नियंत्रण द्वारा।
- जल निकासी के हेरफेर से उत्तराधिकार या तो मंद या तेज हो सकता है। इसका उपयोग, उदाहरण के लिए, एक सुरक्षात्मक लकड़ी के जंगल की स्थापना के लिए किया जा सकता है। पेड़ों की प्रजातियों को प्रतिस्पर्धा से मुक्त होने देने के लिए एक जंगल का प्रबंधन किया जाना चाहिए।

1.7 शिकारी शिकार समीकरण

पारिस्थितिक प्रक्रियाओं जैसे कि शिकारी और शिकार आबादी के बीच संबंध को गणितीय समीकरणों का उपयोग करके तैयार किया जा सकता है जिन्हें लोटका-वोल्टेरा समीकरण कहा जाता है। ये आबादी की गतिशीलता को मॉडल करने के लिए पहले क्रम के गैर-रेखीय अंतर समीकरण हैं। एक उदाहरण हिरण और मांसाहारी जैसे बाघ या शेर जैसे शाकाहारी जीवों के बीच शिकारी शिकार संबंध है।

चित्र: बाघ एक हिरण का शिकार कर रहा है। DALL_E 2 AI आर्ट जेनरेटर द्वारा AI जेनरेटेड आर्ट

ये समीकरण निम्नलिखित मानते हैं:

- शिकार प्रजातियों की आम तौर पर भोजन तक असीमित पहुंच होती है और इसकी आबादी बढ़ती है, हालांकि जब वे एक शिकारी प्रजाति से मिलते हैं तो उन्हें खा लिया जाता है।
- शिकारियों की आबादी तभी बढ़ेगी जब उनके पास खाने के लिए अधिक शिकार होंगे, हालांकि अगर शिकारी अपने शिकार को पकड़ने में असमर्थ हैं या बहुत अधिक शिकारी और बहुत कम शिकार हैं, तो वे मर जाएंगे।

- जनसंख्या में परिवर्तन की दर इसके आकार के समानुपाती होती है।
- शिकार पर विकासवादी दबाव शिकारी से बचने और अधिक संतान पैदा करने के लिए जीवित रहने का है, जबकि शिकारी को अधिक संतानों के लिए भोजन उपलब्ध कराने के लिए अधिक शिकार पकड़ना पड़ता है।
- शिकारियों की भूख असीम है।

यह शिकारी और शिकार के बीच कभी न खत्म होने वाले संघर्ष की ओर ले जाता है, जो लगभग विलुप्त होने से लेकर जनसंख्या की वृद्धि तक भिन्न होता है।

समय के साथ जनसंख्या परिवर्तन को निम्नलिखित लोटका-वोल्टेरा समीकरणों द्वारा प्रतिरूपित किया जा सकता है:

$$dx/dt = \alpha x - \beta xy$$
$$dy/dt = \delta xy - \gamma y$$

जहां

- x हिरण जैसे शिकार की संख्या है
- y कुछ परभक्षी जैसे शेरों की संख्या है
- dx/dt और dy/dt दो आबादी की तात्कालिक वृद्धि दर का प्रतिनिधित्व करते हैं;
- t समय का प्रतिनिधित्व करता है;
- $\alpha, \beta, \gamma, \delta$ दो प्रजातियों की बातचीत का वर्णन करने वाले सकारात्मक वास्तविक पैरामीटर हैं।

प्लॉट किए गए ग्राफ में शिकारी शिकार प्रजातियों की आबादी को मॉडलिंग करने वाले समीकरण का समाधान दिया गया है।

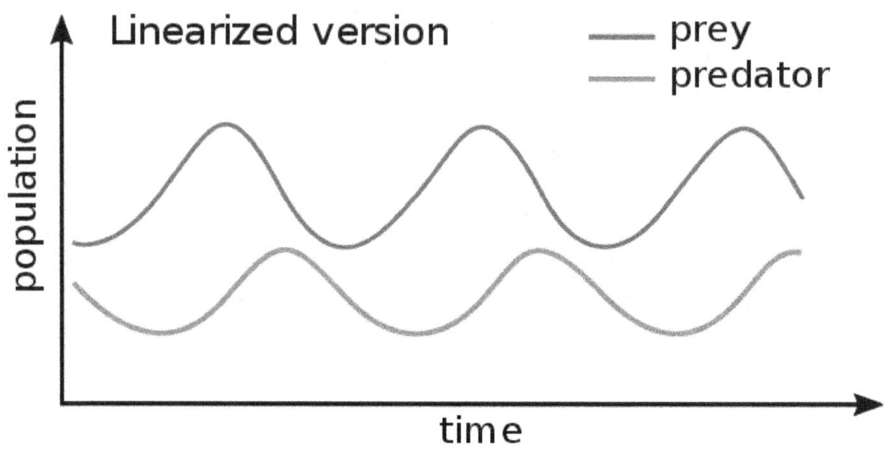

चित्र: समय-समय पर शिकारी और शिकार प्रजातियों की आबादी को मॉडलिंग करने वाले शिकारी शिकार समीकरणों के परिणाम दिखाने वाला ग्राफ. AspidistraK, CC BY-SA 4.0 via Wikimedia Commons

जबकि शिकारी शिकार समीकरण दो प्रजातियों की जनसंख्या गतिशीलता में एक अंतर्दृष्टि प्रदान करते हैं, धारणाएं वास्तविक जीवन में प्रतिबिंबित नहीं हो सकती हैं और यह अधिक जटिल हो सकती है और पारिस्थितिकी तंत्र में अन्य कारक भी उनकी आबादी को प्रभावित करते हैं।

1.8 पारिस्थितिक आला

पारिस्थितिक आला की अवधारणा पारिस्थितिकी में एक और महत्वपूर्ण अवधारणा है। एक जीव के आला में यह शामिल है कि यह पर्यावरण के भीतर कैसे फिट बैठता है, पर्यावरणीय कारक क्या हैं और समुदाय और पारिस्थितिकी तंत्र के साथ जीव के संबंध क्या हैं, जिसमें पर्यावरण में इसके स्थान और भूमिका का संयोजन शामिल है। इसमें शामिल है कि जीव कैसे भोजन और आश्रय के लिए अपनी जरूरतों को पूरा करता है, यह कैसे शिकारियों से बचता है, अन्य प्रजातियों के साथ प्रतिस्पर्धा करता है और प्रजनन करता है। आला में जीवों की निर्भरता और अन्य जीवों के साथ क्रियाएं भी शामिल हैं, जैसे कि भविष्यवाणी और प्रतिस्पर्धा और निर्जीव पर्यावरण और पर्यावरणीय परिस्थितियां।

एक अद्वितीय आला किसी भी जानवर या पौधे के लिए एक फायदा है क्योंकि यह अन्य प्रजातियों के साथ प्रतिस्पर्धा को कम करता है और प्रजातियों को सफलतापूर्वक अनुकूलित करने और बेहतर विकास दर के साथ जीवित रहने में सक्षम बनाता है। पारिस्थितिकीविदों के लिए, जीवों के अस्तित्व के लिए खतरा पैदा करने वाले आवास विनाश और जलवायु

परिवर्तन जैसे पर्यावरणीय परिवर्तनों की भरपाई के लिए हस्तक्षेप करने के लिए एक जीव के आला का पूर्ण ज्ञान महत्वपूर्ण है।

पारिस्थितिक आला (निचे) एक स्थिर निवास स्थान के अस्तित्व पर निर्भर करते हैं, जो कि वह स्थान है जहाँ जीव रहता है। निवास स्थान में छोटे-छोटे परिवर्तन उन निशानों को प्रभावित या नष्ट कर सकते हैं जिन्हें जीव भरने के लिए उपयोग करता था।

उदाहरण के लिए, ड्रैगनफ्लाई के रूप में जानी जाने वाली प्रजातियों में निम्नलिखित आला होते हैं:

- लार्वा पानी की अम्लता, रासायनिक संरचना, तापमान और शिकार की एक निश्चित सीमा में और सीमित संख्या में शिकारियों के साथ विकसित होते हैं।
- वयस्क मादाओं को अंडे देने के लिए और लार्वा को कायांतरण के लिए सही वनस्पति की आवश्यकता होती है।
- ड्रैगनफ़्लू अपने पर्यावरण को भी प्रभावित करता है: इसके अंडे उभयचरों के लिए भोजन हैं, इसके लार्वा जो शिकारियों और शिकार दोनों हैं, पानी में पोषक तत्व जोड़ते हैं, और वयस्क कीड़ों का शिकार करते हैं।

ये आवश्यकताएं और प्रभाव इसके पारिस्थितिक आला को परिभाषित करते हैं। एक प्रजाति के बने रहने के लिए, परिस्थितियों को आवश्यक सीमा के भीतर होना चाहिए, अन्यथा यह विलुप्त होने का सामना कर सकता है।

1.9 जीवों के बीच प्रतिस्पर्धा का सिद्धांत

प्रतिस्पर्धा प्रजातियों के विकास का चालक है। बड़ा, मजबूत और बेहतर होने की आवश्यकता प्रजातियों द्वारा अनुकूलन की ओर ले जाती है जो उन्हें अन्य प्रजातियों की तुलना में जीवित रहने में बढ़त प्रदान करती है। जब दो प्रजातियां समान संसाधनों के लिए प्रतिस्पर्धा करती हैं, तो लाभ वाली एक कमजोर से आगे निकल जाएगी, जो या तो अनुकूल हो जाएगी, इसलिए यह अब प्रतिस्पर्धा नहीं करती है और अपनी अनूठी पारिस्थितिक जगह पाती है, या फिर विलुप्त हो जाती है। हालाँकि, दोनों प्रतिस्पर्धी आबादी निरंतर जनसंख्या मूल्यों पर सह-अस्तित्व में नहीं रह सकती है। इस प्रस्ताव को प्रतिस्पर्धी बहिष्करण सिद्धांत के रूप में जाना जाता है और इसे सबसे पहले रूसी सूक्ष्म जीवविज्ञानी ग्रेगरी गॉज़ द्वारा प्रस्तावित किया गया था और इस प्रकार इसे गॉज़ के नियम के रूप में जाना जाता है।

गॉज के नियम के अनुसार प्रतिस्पर्धा मुख्यतः दो प्रकार की होती है

- अंतर-प्रजाति प्रतिस्पर्धा: एक ही प्रजाति के सदस्यों के बीच प्रतिस्पर्धा। यह सुनिश्चित करता है कि एक ही प्रजाति के भीतर केवल सबसे स्वस्थ या सर्वोत्तम अनुकूलित व्यक्ति ही जीवित रह सकते हैं।

- अंतर-प्रजाति प्रतिस्पर्धा: यह विभिन्न प्रजातियों के बीच प्रतिस्पर्धा है जो समान संसाधनों पर उतर देती हैं। यहां भी, सबसे अच्छी तरह से अनुकूलित प्रजातियां जीवित रहेंगी।

प्रतिस्पर्धा प्रत्यक्ष या अप्रत्यक्ष हो सकती है। प्रतिस्पर्धा के निम्नलिखित दो तरीके हैं:

- शोषण: जीव अप्रत्यक्ष रूप से परस्पर क्रिया करते हैं, दोनों उस सामान्य संसाधन का उपभोग करते हैं जिस पर वे निर्भर होते हैं, जहाँ दूसरों के लिए कम बचा होता है।
- हस्तक्षेप: यहाँ जीव सीधे उसी संसाधन के लिए प्रतिस्पर्धा करते हैं।

1.10 निष्कर्ष

इस अध्याय में हमने पारिस्थितिकी और पारिस्थितिकी और पर्यावरण से संबंधित कुछ कारकों के बारे में चर्चा की है।

2

पर्यावरण और पर्यावरण संरक्षण का परिचय

इस अध्याय में हम जैविक और अजैविक पर्यावरण के कुछ पहलुओं के साथ-साथ विभिन्न देशों में पर्यावरण की रक्षा के तरीकों और कानूनों का परिचय देते हैं।

2.1 जैविक और अजैविक पर्यावरण

पर्यावरण सभी बाहरी परिस्थितियों और जीवों के जीवन और विकास को प्रभावित करने वाले प्रभावों का योग है।

पर्यावरण के दो मुख्य पहलू निम्नलिखित हैं:

- जैविक: इसमें पर्यावरण में रहने वाले जीव शामिल हैं।
- अजैविक: इसमें पर्यावरण के निर्जीव (भौतिक और रासायनिक) पहलू शामिल हैं।

2.2 अजैविक वातावरण

भौतिक या अजैविक पर्यावरण में निर्जीव पहलू शामिल हैं जो जीवित जीवों को प्रभावित करते हैं। ऐसे कारकों में विभिन्न स्रोतों से मिट्टी, पानी, तापमान, वातावरण और ऊर्जा शामिल हैं।

जीवों को प्रभावित करने वाली ऊर्जा के मुख्य रूपों में से एक सूर्य से प्राप्त उज्ज्वल ऊर्जा है। इसमें अवरक्त विकिरण या गर्मी, दृश्य विकिरण और आयनकारी विकिरण शामिल हैं। ये ऊर्जाएं संशोधित कारकों और मौसमी चक्रों के अधीन हैं और वायुमंडलीय स्थितियों, अक्षांश, ऊंचाई, ढलान, जोखिम, आवरण आदि से प्रभावित हैं।

ऊष्मा ऊर्जा का तीव्रता पहलू तापमान है। नमी और प्रकाश के साथ, यह पर्यावरणीय परिस्थितियों का सबसे सामान्य पहलू है। पक्षियों और स्तनधारियों को छोड़कर, पौधे और पशु जीवन का शरीर का तापमान मुख्य रूप से बाहरी वातावरण से निर्धारित होता है।

जीवन का समर्थन करने के लिए पर्याप्त तीव्रता के साथ सूर्य और चंद्रमा का प्रकाश प्राथमिक स्रोत हैं। प्रकाश का उपयोग पौधों द्वारा प्रकाश संश्लेषण के लिए किया जाता है, साथ ही जानवरों में दृष्टि के लिए उपयोग किया जाता है, और यह विकास और अस्तित्व को भी प्रभावित करता है।

जल और वायु मौलिक माध्यम हैं जिन पर जीवन मौजूद है। वे जलीय और स्थलीय वातावरण में दुनिया के विभाजन के लिए आधार प्रदान करते हैं। पानी पृथ्वी की सतह के 70% हिस्से को कवर करता है और नदियों, समुद्रों और महासागरों की गहराई के भीतर जीवन के अस्तित्व को भी प्रदान करता है।

वायुमंडल में नाइट्रोजन, ऑक्सीजन, कार्बन डाइऑक्साइड, अन्य गैसों के साथ-साथ जल वाष्प गैसें होती हैं। ऑक्सीजन और कार्बन डाइऑक्साइड जीवन के सभी रूपों को प्रकाश संश्लेषण और श्वसन के माध्यम से, संश्लेषण और अपघटन के पारस्परिक संबंध के माध्यम से प्रभावित करते हैं।

2.3 जैविक पर्यावरण

जैविक पर्यावरण में जीवित जीव होते हैं जो एक दूसरे को प्रभावित करते हैं और अपने अजैविक पर्यावरण से भी जुड़े होते हैं।

जीवों के बीच अंतःक्रियाओं को निम्नानुसार विभाजित किया जा सकता है:

- एक ही प्रजाति की आबादी के भीतर: जीवों के बीच अंतःक्रियाओं में घनत्व, जन्म दर, मृत्यु दर, आयु वितरण, फैलाव और वृद्धि के रूप जैसे पहलू शामिल हैं।
- विभिन्न प्रजातियों के बीच: अंतर प्रजाति जनसंख्या स्तर पर, अंतःक्रियाओं में प्रतिस्पर्धा, शिकार, परजीवीवाद, सहभोजवाद, सहयोग और पारस्परिकता शामिल हैं।
- सामुदायिक स्तर पर: अंतःक्रियाओं में प्रभुत्व और उत्तराधिकार शामिल हैं।

  ◦ प्रभुत्व में, एक या कई प्रजातियां निवास स्थान को नियंत्रित करती हैं।
  ◦ उत्तराधिकार में, सामुदायिक परिवर्तन की एक व्यवस्थित प्रक्रिया होती है। समुदाय में लयबद्ध परिवर्तन को आवधिकता कहा जाता है।

- अजैविक पर्यावरण के साथ जैविक की अंतःक्रिया: इनमें तापमान, पानी, हवा और प्रकाश के माध्यम से सूक्ष्म पर्यावरण पर जीवों के प्रभाव शामिल हैं। इनमें मिट्टी के निर्माण के माध्यम से सब्सट्रेट का संशोधन भी शामिल है। अंत में, वे माध्यम के संशोधन को शामिल करते हैं, जैसे जलीय आवासों में।

2.4 पर्यावरण इंजीनियरिंग

पर्यावरण इंजीनियरिंग वह अनुशासन है जो पर्यावरण पर मनुष्यों के प्रभाव का मूल्यांकन करता है और पर्यावरण के क्षरण को कम करने के लिए नियंत्रण विकसित करता

है।

हाल के दिनों में, सरकारें आर्थिक विकास के हिस्से के रूप में मानवीय गतिविधियों के माध्यम से हवा, पानी और भूमि की गिरावट के बारे में जागरूक हो गई हैं। समस्या की जड़ें राष्ट्रीय जनसंख्या की तीव्र वृद्धि के साथ-साथ राष्ट्रीय संसाधनों के औद्योगिक विकास में निहित हैं। इसलिए, विभिन्न देशों में कानून ने इन संसाधनों के संरक्षण पर ध्यान केंद्रित किया है।

पर्यावरण इंजीनियरिंग का अंतिम लक्ष्य उन प्रक्रियाओं और प्रणालियों का डिजाइन है जिन्हें प्रदूषण नियंत्रण और पुन: उपयोग के लिए कचरे के पुनर्चक्रण के लिए न्यूनतम उपचार की आवश्यकता होती है। विभिन्न देशों में सरकार की नीति का उद्देश्य इस लक्ष्य को प्राप्त करना है। संयुक्त राष्ट्र (UN) भी अन्य देशों को उनके पर्यावरणीय स्थिरता लक्ष्यों को पूरा करने के लिए प्रोत्साहित करने के लिए समान लक्ष्य बनाता है।

चित्र: सीवेज को नदी में बहा दिया गया। Midjourney AI द्वारा AI जनित कला

2.5 पर्यावरण संरक्षण

पर्यावरण संरक्षण से तात्पर्य उन कदमों से है जो मनुष्यों द्वारा उपयोग किए जाने वाले पानी, वायु और भूमि की गुणवता को नुकसान पहुँचाते हैं। इसमें संरक्षण शामिल है, जो हवा, पानी, मिट्टी, खनिजों, पौधों और जानवरों सहित पृथ्वी के प्राकृतिक संसाधनों की देखभाल और रक्षा करना है ताकि मनुष्यों सहित सभी जीवित प्राणियों को लाभ हो। मानवीय गतिविधियाँ ऐसे अपशिष्ट उत्पन्न करती हैं जो वाष्प या गैस, ठोस, तरल या ऊर्जा अवस्थाएँ हैं, जो पानी, वायु या भूमि के खुले वातावरण में फैल जाते हैं और जीवन के सभी रूपों को प्रभावित करते हैं। पर्यावरण संरक्षण में ऐसी गतिविधियों से होने वाले नुकसान को सीमित करना शामिल है।

पर्यावरण संरक्षण के निम्नलिखित उद्देश्य हैं:

- लोगों को रोगजनक जीवों, जहरीले रसायनों और अत्यधिक शारीरिक ऊर्जा से होने वाली शारीरिक क्षति से बचाएं।
- पानी, हवा या जमीन में प्रतिकूल परिस्थितियों से होने वाली जलन और परेशानी से मनुष्यों की रक्षा करें।
- पृथ्वी के पारिस्थितिक तंत्र में संतुलन की रक्षा करें और प्राकृतिक संसाधनों का संरक्षण करें।

2.6 प्रदूषण का परिचय और प्रदूषकों का नियंत्रण

जब मानव-जनित अपशिष्ट जल, वायु और भूमि में छोड़ा जाता है, तो ऐसे अपशिष्टों को आत्मसात करने की प्राकृतिक प्रक्रिया प्रभावित होती है, प्रदूषण होता है। परिवहन के लिए कारों में आंतरिक दहन इंजनों के अत्यधिक उपयोग के साथ शहरी और औद्योगिक क्षेत्रों में वायु प्रदूषण बढ़ जाता है, क्योंकि वायुजनित अपशिष्ट भार प्रदूषण सामग्री को फैलाने के लिए वायु संचलन की क्षमता से अधिक है। इसी तरह, शहरों के औद्योगिक अपशिष्ट और अपशिष्ट नदियों में बहा दिए जाते हैं जिससे वे प्रदूषित हो जाते हैं। यही हाल लैंडफिल में कचरा डालने का है। इसके अलावा, उलटा, ठहराव और पराबैंगनी विकिरण की स्थितियां प्राथमिक प्रदूषकों से अभिकारक उत्पन्न करती हैं। भूमि और पानी पर, सभी अपशिष्ट प्राकृतिक बायोटा के लिए भोजन के रूप में उपयोग करने योग्य नहीं होते हैं और इस प्रकार उन्हें गैर-बायोडिग्रेडेबल लेबल किया जाता है। इसी तरह, क्लोरीनयुक्त हाइड्रोकार्बन कीटनाशक पर्यावरण को प्रदूषित करने वाले लगातार संदूषकों की सूची में उच्च हैं।

अपशिष्ट पदार्थों से पर्यावरण के प्रदूषण को नियंत्रित करने के उपाय इस प्रकार हैं:

- प्रदूषण के स्रोत को खत्म करें

- समुद्र, जमीन और हवा में फेंके जाने वाले कचरे को हटा दें
- प्रदूषण को कम करने के लिए कचरे का उपचार करें
- कचरे को आत्मसात करने और अवशोषित करने की पर्यावरणीय क्षमता को बढ़ाना

अपशिष्ट जल के लिए, समाधान प्राकृतिक प्रक्रियाओं को बढ़ावा देना है जिसके माध्यम से अपशिष्ट जल में कार्बोहाइड्रेट, प्रोटीन और वसा पर्याप्त ऑक्सीजन की उपस्थिति में बैक्टीरिया द्वारा खपत होते हैं। बसे हुए ठोस या कीचड़ को अलग किया जाता है और कीचड़ के पाचन में अवायवीय जीवों का भोजन बनाया जाता है। एयरस्ट्रीम से पार्टिकुलेट को हटाने के लिए इसी तरह की तकनीकों का इस्तेमाल किया जा सकता है।

2.7 अमेरिका में पर्यावरण कानून (भारत के साथ तुलना करने के लिए)

इस खंड में, हम संयुक्त राज्य सरकार द्वारा बनाए गए कुछ पर्यावरण कानूनों को संक्षेप में देखते हैं, क्योंकि अमेरिका न केवल सबसे शक्तिशाली देशों में से एक है, बल्कि सबसे अधिक प्रदूषण फैलाने वाले देशों में से एक है। भारत, यूरोप और अन्य देशों के कानून भी मोटे तौर पर समान और तुलनीय हैं।

अमेरिका में संघीय सरकार, साथ ही साथ विभिन्न अमेरिकी राज्यों की सरकारों ने हवा, पानी और भूमि उपयोग से संबंधित पर्यावरण कानून दोनों को अधिनियमित किया है। अमेरिकी संघीय स्तर पर मुख्य कानूनों में निम्नलिखित शामिल हैं:

- 1964 का जंगल अधिनियम
- 1967 का वायु गुणवत्ता अधिनियम, उसके बाद 1970 का स्वच्छ वायु अधिनियम और उसके बाद के संशोधन
- 1965 का जल गुणवत्ता अधिनियम, 1972 के जल प्रदूषण नियंत्रण अधिनियम द्वारा प्रतिस्थापित किया गया
- राष्ट्रीय पर्यावरण नीति अधिनियम 1969
- ध्वनि नियंत्रण अधिनियम और तटीय क्षेत्र प्रबंधन अधिनियम 1972
- संसाधन संरक्षण और वसूली अधिनियम 1976
- भूतल खनन नियंत्रण और सुधार अधिनियम 1977 और विषाक्त पदार्थ नियंत्रण अधिनियम 1977

इनका पालन राज्य स्तर पर भी इसी तरह के कृत्यों द्वारा किया गया है।

राष्ट्रीय पर्यावरण नीति अधिनियम, उदाहरण के लिए, सरकार को शामिल करने वाली किसी भी नई औद्योगिक या सरकारी गतिविधि के साथ पर्यावरणीय प्रभाव का गहन अध्ययन अनिवार्य करता है।

अमेरिका में एक और महत्वपूर्ण पर्यावरणीय कदम 1970 में पर्यावरण संरक्षण एजेंसी या ईपीए का गठन था, जिसके पास मानकों को स्थापित करने और हवा और पानी की

गुणवत्ता में सुधार के लिए एक अनुपालन समय सारिणी की जिम्मेदारी है। ईपीए के पास शोर नियंत्रण अधिनियम, संसाधन संरक्षण और वसूली अधिनियम, विषाक्त पदार्थ नियंत्रण अधिनियम आदि को प्रशासित करने की जिम्मेदारी भी है। एजेंसी अपशिष्ट जल उपचार सुविधाओं के निर्माण और वायु और जल प्रदूषण नियंत्रण के लिए राज्य और स्थानीय सरकारों को अनुदान भी देती है।

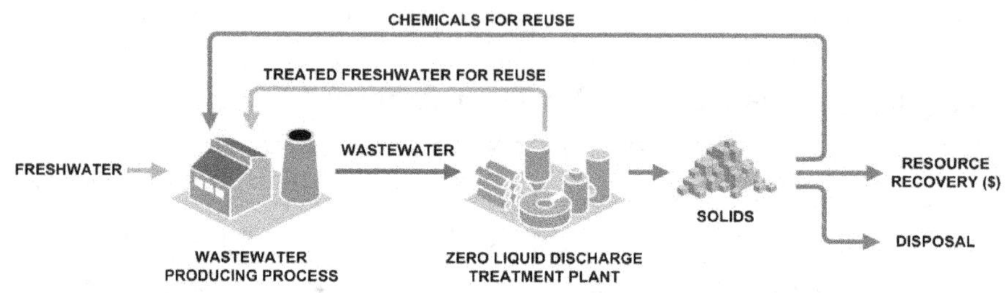

चित्र: सीवेज उपचार संयंत्र में अपशिष्ट जल उपचार प्रक्रिया. Saltworks Technologies, CC BY-SA 4.0 <https://creativecommons.org/licenses/by-sa/4.0>, via Wikimedia Commons

पर्यावरण संरक्षण के कानूनों के साथ-साथ औद्योगिक नीति भी एक महत्वपूर्ण भूमिका निभाती है। उदाहरण के लिए, पृथ्वी से प्राकृतिक संसाधनों को निकालने वाले उद्योगों को भूमि को ऐसी स्थिति में बहाल करने के लिए बुलाया जा रहा है जो भूमि की मूल स्थिति के समान या बेहतर है। भूतल खनन कोयला और पुनर्ग्रहण अधिनियम, जिसमें कोयला खनन शामिल है, के लिए राज्यों को परित्यक्त खनन भूमि को पुनः प्राप्त करने और सतह खनन कार्यों को नियंत्रित करने के लिए एक EPA अनुमोदित कार्यक्रम की आवश्यकता है। इसी तरह, अधिकांश दूषित पदार्थों को हटाने और तरल को रीसायकल करने के लिए तरल कचरे को रासायनिक या भौतिक साधनों या उनके संयोजन से उपचारित किया जा सकता है। वायु या गैसीय संदूषकों को स्क्रबिंग, निस्पंदन, अवशोषण या सोखना और वातावरण में छोड़ी गई स्वच्छ गैस द्वारा हटाया जा सकता है। हटाए गए संदूषक, या तो सूखे या घोल में, बुद्धिमानी से संभाले जाने चाहिए, अन्यथा वे प्रदूषण संबंधी नई समस्याओं को जन्म दे सकते हैं।

2.8 निष्कर्ष

इस अध्याय में हमने पर्यावरण और प्रदूषण नियंत्रण से संबंधित कुछ पहलुओं पर चर्चा की है।

3

भारत में पर्यावरण कानूनों की सूची

इस अध्याय में हम भारत में कुछ महत्वपूर्ण कानूनों को सूचीबद्ध करते हैं जो पर्यावरण के संरक्षण और संरक्षण के लिए महत्वपूर्ण हैं।

पर्यावरण संरक्षण के लिए भारत में मुख्य कानूनों में निम्नलिखित शामिल हैं:

- जल से संबंधित अधिनियम

    ◦ जल (प्रदूषण की रोकथाम और नियंत्रण) अधिनियम 1974 (जल अधिनियम)

- हवा से संबंधित अधिनियम

    ◦ वायु (प्रदूषण की रोकथाम और नियंत्रण) अधिनियम 1981 (वायु अधिनियम)

- सामान्य पर्यावरण से संबंधित अधिनियम

    ◦ पर्यावरण (संरक्षण) अधिनियम 1986

- अपशिष्ट प्रबंधन से संबंधित अधिनियम

    ◦ ई-अपशिष्ट (प्रबंधन) नियम 2016
    ◦ बैटरी (प्रबंधन और हैंडलिंग) नियम 2001
    ◦ जैव चिकित्सा अपशिष्ट प्रबंधन नियम 2016
    ◦ प्लास्टिक अपशिष्ट प्रबंधन नियम 2016

- ठोस अपशिष्ट प्रबंधन नियम 2016
- निर्माण और विध्वंस अपशिष्ट प्रबंधन नियम 2016
- खतरनाक और अन्य अपशिष्ट (प्रबंधन और सीमापार आवाजाही) नियम 2016
- खतरनाक रसायनों का निर्माण, भंडारण और आयात नियम 1989

- **तटीय क्षेत्रों के संरक्षण से संबंधित अधिनियम**

  - तटीय विनियमन क्षेत्र अधिसूचना 2019
  - पर्यावरण प्रभाव आकलन अधिसूचना 2006

- **वन्यजीवों के संरक्षण और वनों और जैव विविधता के संरक्षण से संबंधित अधिनियम**

  - वन्यजीव (संरक्षण) अधिनियम 1972
  - वन (संरक्षण) अधिनियम 1980
  - अनुसूचित जनजाति और अन्य पारंपरिक वनवासी (वन अधिकारों की मान्यता) अधिनियम 2006 (FRA)
  - जैविक विविधता अधिनियम 2002

- **राष्ट्रीय हरित अधिकरण की स्थापना के लिए अधिनियम**

  - राष्ट्रीय हरित अधिकरण अधिनियम 2010
  - सार्वजनिक देयता बीमा अधिनियम 1991

निम्नलिखित अध्यायों में हम इनमें से कुछ कृत्यों का अधिक विस्तार से अध्ययन करेंगे।

4

भारतीय संविधान में पर्यावरण संरक्षण

इस अध्याय में हम भारतीय संविधान में दिए गए पर्यावरण संरक्षण पर चर्चा करते हैं। पर्यावरण संरक्षण का उल्लेख मुख्य रूप से राज्य के नीति निर्देशक सिद्धांतों और मौलिक कर्तव्यों के तहत किया गया है।

4.1 संविधान का अनुच्छेद 21

भारत के संविधान में अनुच्छेद 21 निम्नलिखित कहता है:

जीवन और व्यक्तिगत स्वतंत्रता की सुरक्षा: कानून द्वारा स्थापित प्रक्रिया के अनुसार किसी भी व्यक्ति को उसके जीवन या व्यक्तिगत स्वतंत्रता से वंचित नहीं किया जाएगा

इस लेख की व्याख्या नागरिकों के स्वच्छ और स्वस्थ वातावरण के अधिकार के रूप में भी की गई है।

4.2 राज्य नीति के निदेशक सिद्धांतों में पर्यावरण संरक्षण (भाग IV) अनुच्छेद 48ए

भारत के संविधान में राज्य के नीति निर्देशक सिद्धांत निम्नलिखित बताते हैं:

पर्यावरण का संरक्षण और सुधार और वनों और वन्य जीवों की सुरक्षा: राज्य पर्यावरण की रक्षा और सुधार करने और देश के वनों और वन्यजीवों की रक्षा करने का प्रयास करेगा।

4.3 मौलिक कर्तव्य (भाग IV A) अनुच्छेद 51A

भारतीय संविधान में उल्लिखित मौलिक कर्तव्य निम्नलिखित बताते हैं:

वनों, झीलों, नदियों और वन्यजीवों सहित प्राकृतिक पर्यावरण की रक्षा और सुधार करना और जीवित प्राणियों के लिए दया करना।

4.4 निष्कर्ष

इस अध्याय में हमने भारतीय संविधान में वन्यजीव संरक्षण से संबंधित उपबंधों का अध्ययन किया है। हालांकि ये मुख्य रूप से मौलिक कर्तव्यों और राज्य नीति के निर्देशक सिद्धांतों के तहत आते हैं, संविधान में इनका समावेश दर्शाता है कि हमारे संविधान के निर्माताओं ने वन्यजीवों के संरक्षण और संरक्षण को कितनी गंभीरता से महत्व दिया है।

5

वन संरक्षण अधिनियम 1980

इस अध्याय में हम वन संरक्षण अधिनियम 1980 पर चर्चा करते हैं। इस अधिनियम का उद्देश्य भारत के वनों और वनों के संसाधनों के संरक्षण को सुनिश्चित करना है।

THE FOREST (CONSERVATION) ACT, 1980

ACT NO. 69 OF 1980

[*27th December*, 1980.]

An Act to provide for the conservation of forests and for matters connected therewith or ancillary or incidental thereto.

BE it enacted by Parliament in the Thirty-first Year of the Republic of India as follows:—

1. Short title, extent and commencement.—(*1*) This Act may be called the Forest (Conservation) Act, 1980.

(*2*) It extends to the whole of India except the State of Jammu and Kashmir.

(*3*) It shall be deemed to have come into force on the 25th day of October, 1980.

2. Restriction on the dereservation of forests or use of forest land for non-forest purpose.—Notwithstanding anything contained in any other law for the time being in force in a State, no State Government or other authority shall make, except with the prior approval of the Central Government, any order directing—

(*i*) that any reserved forest (within the meaning of the expression "reserved forest" in any law for the time being in force in that State) or any portion thereof, shall cease to be reserved;

(*ii*) that any forest land or any portion thereof may be used for any non-forest purpose.

Explanation.—For the purposes of this section "non-forest purpose" means the breaking up or clearing of any forest land or portion thereof for any purpose other than reafforestation.

3. Constitution of Advisory Committee.—The Central Government may constitute a Committee consisting of such number of persons as it may deem fit to advise that Government with regard to—

(*i*) the grant of approval under section 2; and

चित्र: वन संरक्षण अधिनियम 1980 का पहला पृष्ठ

वन एक अद्वितीय प्राकृतिक संसाधन हैं और विभिन्न प्रकार के जानवरों और पौधों के जीवन का समर्थन करते हैं। तेजी से औद्योगीकरण और कृषि और चरागाह उद्देश्यों के लिए वन भूमि के अतिक्रमण के कारण, भारत की वन भूमि के कुछ हिस्सों में वनों की कटाई का खतरा था। इसलिए वन आवरण को संरक्षित करने और वनों को साफ होने से बचाने के लिए वन संरक्षण अधिनियम लाया गया।

वन संरक्षण अधिनियम काफी छोटा है। यह मुख्य रूप से किसी अन्य उद्देश्य के लिए आरक्षित वन भूमि के उपयोग को प्रतिबंधित करता है, जैसे कि वन भूमि को साफ करके। यह केंद्र सरकार की पूर्व स्वीकृति के बिना पूर्व में आरक्षित वन भूमि के गैर-आरक्षण को प्रतिबंधित करता है। यह वन संरक्षण के प्रयोजनों के लिए केंद्र सरकार द्वारा एक सलाहकार समिति का गठन करता है। यह अधिनियम के प्रावधानों के उल्लंघन के लिए दंड की भी घोषणा करता है। इस अधिनियम के तहत नियम बनाने की शक्ति अकेले केंद्र सरकार के पास है।

6
जल अधिनियम 1974

इस अध्याय में हम 1974 के जल अधिनियम पर चर्चा करते हैं, जिसका उद्देश्य जल प्रदूषण को नियंत्रित करना और भारत के जल निकायों का संरक्षण करना है।

THE WATER (PREVENTION AND CONTROL OF POLLUTION) ACT, 1974

ACT No. 6 OF 1974

[*23rd March*, 1974.]

An Act to provide for the prevention and control of water pollution and the maintaining or restoring of wholesomeness of water, for the establishment, with a view to carrying out the purposes aforesaid, of Boards for the prevention and control of water pollution, for conferring on and assigning to such Boards powers and functions relating thereto and for matters connected therewith.

WHEREAS it is expedient to provide for the prevention and control of water pollution and the maintaining or restoring of wholesomeness of water, for the establishment, with a view to carrying out the purposes aforesaid, of Boards for the prevention and control of water pollution and for conferring on and assigning to such Boards powers and functions relating thereto;

AND WHEREAS Parliament has no power to make laws for the States with respect to any of the matters aforesaid except as provided in articles 249 and 250 of the Constitution;

AND WHEREAS in pursuance of clause (1) of article 252 of the Constitution resolutions have been passed by all the Houses of the Legislatures of the States of Assam, Bihar, Gujarat, Haryana, Himachal Pradesh, Jammu and Kashmir, Karnataka, Kerala, Madhya Pradesh, Rajasthan, Tripura and West Bengal to the effect that the matters aforesaid should be regulated in those States by Parliament by law.

BE it enacted by Parliament in the Twenty-fifth Year of the Republic of India as follows:—

CHAPTER I

PRELIMINARY

1. Short title, application and commencement.—(*1*) This Act may be called the Water (Prevention and Control of Pollution) Act, 1974.

(*2*) It applies in the first instance to the whole of the States of Assam, Bihar, Gujarat, Haryana, Himachal Pradesh, Jammu and Kashmir, Karnataka, Kerala, Madhya Pradesh, Rajasthan, Tripura and West Bengal and the Union territories; and it shall apply to such other State which adopts this Act by resolution passed in that behalf under clause (1) of article 252 of the Constitution.

(*3*) It shall come into force, at once in the States of Assam, Bihar, Gujarat, Haryana, Himachal Pradesh, Jammu and Kashmir, Karnataka, Kerala, Madhya Pradesh, Rajasthan, Tripura and West Bengal and in the Union territories, and in any other State which adopts this Act under clause (1) of article 252 of the Constitution on the date of such adoption and any reference in this Act to the commencement of this Act shall, in relation to any State or Union territory, mean the date on which this Act comes into force in such State or Union territory.

2. Definitions.—In this Act, unless the context otherwise requires,—

(*a*) "Board" means the Central Board or a State Board;

[1][(*b*) "Central Board" means the Central Pollution Control Board constituted under section 3;]

चित्र: जल अधिनियम 1974 का पहला पृष्ठ

6.1 जल अधिनियम का सारांश

जल प्रदूषण पूरी दुनिया में एक गंभीर समस्या है, खासकर भारत में। सीवेज, अपशिष्ट और औद्योगिक अपशिष्टों के डंपिंग के कारण पानी प्रदूषित होता है। प्रदूषण नदियों और झीलों में पानी को अनुपयोगी और पीने योग्य नहीं बनाता है और उन समुदायों के स्वास्थ्य के लिए खतरा है जो दैनिक उपयोग के लिए ऐसे पानी पर निर्भर हैं। इसलिए, जल प्रदूषण को रोकने और पूरे भारत में प्राकृतिक जल निकायों में पानी की गुणवत्ता में शुद्धता बनाए

रखने के लिए जल (प्रदूषण की रोकथाम और नियंत्रण) अधिनियम 1974 लाया गया था।

जल अधिनियम के अनुसार प्रदूषण की परिभाषा इस प्रकार है:

"प्रदूषण" का अर्थ है पानी का ऐसा संदूषण या पानी के भौतिक, रासायनिक या जैविक गुणों का ऐसा परिवर्तन या किसी सीवेज या व्यापारिक बहिःस्राव या किसी अन्य तरल, गैसीय या ठोस पदार्थ का पानी में (चाहे प्रत्यक्ष या अप्रत्यक्ष रूप से) जैसा कि हो सकता है सार्वजनिक स्वास्थ्य या सुरक्षा, या घरेलू, वाणिज्यिक, औद्योगिक, कृषि या अन्य वैध उपयोगों के लिए, या जानवरों या पौधों या जलीय जीवों के जीवन और स्वास्थ्य के लिए हानिकारक, या उपद्रव पैदा करने की संभावना है;

यह अधिनियम जल प्रदूषण और संरक्षण के विभिन्न पहलुओं को नियंत्रित करने के लिए विभिन्न सांविधिक बोर्डों, अर्थात् केंद्रीय प्रदूषण नियंत्रण बोर्ड (CPCB) और राज्य प्रदूषण नियंत्रण बोर्डों की स्थापना का प्रावधान करता है।

यह अधिनियम नदियों और झीलों में, विशेष रूप से कारखानों जैसे औद्योगिक गतिविधियों से, ऐसे अपशिष्टों के लिए मानक प्रदान करके और निरीक्षण के लिए नमूनों के विश्लेषण के लिए अपनाई जाने वाली प्रक्रियाओं का उल्लेख करके, अपशिष्टों और प्रदूषकों के निर्वहन को नियंत्रित करता है। इसमें अनुपालन न करने पर दंड का प्रावधान है।

एक साथ वाले अधिनियम को जल (प्रदूषण की रोकथाम और नियंत्रण) उपकर अधिनियम 1977 कहा जाता है। यह अधिनियम ऐसी औद्योगिक गतिविधियों में शामिल संस्थाओं के लिए एक उपकर या कर का प्रावधान करता है, जिसका उपयोग प्रदूषण नियंत्रण बोर्डों द्वारा प्रभावी ढंग से निगरानी और प्रदूषण को कम करने के लिए किया जाएगा।

मूल अधिनियम को सख्त बनाने और प्रभावी अनुपालन और बेहतर प्रवर्तन सुनिश्चित करने के लिए इसे कई बार संशोधित किया गया है।

6.2 निष्कर्ष

इस अध्याय में हमने जल अधिनियम पर चर्चा की है, जो औद्योगिक अपशिष्टों से जल प्रदूषण को नियंत्रित करने के लिए भारत में मुख्य अधिनियम है।

7
वायु अधिनियम 1981

इस अध्याय में हम वायु अधिनियम 1981 पर चर्चा करते हैं, जो वायु प्रदूषण को नियंत्रित करने के लिए भारत में मुख्य अधिनियम है। यह 1974 के जल अधिनियम के समान है जिसका उद्देश्य जल प्रदूषण को नियंत्रित करना है।

THE AIR (PREVENTION AND CONTROL OF POLLUTION) ACT, 1981

ACT NO. 14 OF 1981

[29th March, 1981.]

An Act to provide for the prevention, control and abatement of air pollution, for the establishment, with a view to carrying out the aforesaid purposes, of Boards, for conferring on and assigning to such Boards powers and functions relating thereto and for matters connected therewith.

WHEREAS decisions were taken at the United Nations Conference on the Human Environment held in Stockholm in June, 1972, in which India participated, to take appropriate steps for the preservation of the natural resources of the earth which, among other things, include the preservation of the quality of air and control of air pollution;

AND WHEREAS it is considered necessary to implement the decisions aforesaid in so far as they relate to the preservation of the quality of air and control of air pollution;

BE it enacted by Parliament in the Thirty-second Year of the Republic of India as follows:—

CHAPTER I
PRELIMINARY

1. Short title, extent and commencement.—(*1*) This Act may be called the Air (Prevention and Control of Pollution) Act, 1981.

(*2*) It extends to the whole of India.

(*3*) It shall come into force on such date[1] as the Central Government may, by notification in the Official Gazette, appoint.

2. Definitions.—In this Act, unless the context otherwise requires,—

(*a*) "air pollutant" means any solid, liquid or gaseous substance [2][(including noise)] present in the atmosphere in such concentration as may be or tend to be injurious to human beings or other living creatures or plants or property or environment;

(*b*) "air pollution" means the presence in the atmosphere of any air pollutant;

(*c*) "approved appliance" means any equipment or gadget used for the bringing of any combustible material or for generating or consuming any fume, gas of particulate matter and approved by the State Board for the purposes of this Act;

(*d*) "approved fuel" means any fuel approved by the State Board for the purposes of this Act;

(*e*) "automobile" means any vehicle powered either by internal combustion engine or by any

चित्र: वायु अधिनियम 1981 का पहला पृष्ठ

7.1 वायु अधिनियम का सारांश

वायु प्रदूषण मुख्य रूप से मानवीय गतिविधियों जैसे हवा में औद्योगिक कचरे के निर्वहन और फसलों को जलाने और मोटर वाहनों, बिजली संयंत्रों और आंतरिक दहन इंजन से प्रदूषण के कारण होता है। वायु प्रदूषकों में पार्टिकुलेट मैटर, लेड, कार्बन मोनोऑक्साइड, सल्फर डाइऑक्साइड और अन्य जहरीले पदार्थ शामिल हैं।

भारत में वायु प्रदूषण एक बहुत बड़ी समस्या है, जो हवा को सांस लेने योग्य नहीं बनाता है और विभिन्न स्वास्थ्य समस्याओं के लिए जिम्मेदार है। वायु (प्रदूषण की रोकथाम और नियंत्रण) अधिनियम 1981 पूरे भारत में वायु प्रदूषण को नियंत्रित करने के लिए एक अधिनियम है।

जल अधिनियम के समान, वायु अधिनियम प्रदूषण के नियंत्रण के लिए केंद्रीय और राज्य स्तर पर विभिन्न सांविधिक बोर्डों, अर्थात् केंद्रीय प्रदूषण नियंत्रण बोर्ड (सीपीसीबी, CPCB) और राज्य प्रदूषण नियंत्रण बोर्डों (एसपीसीबी, SPCB) में वायु प्रदूषण नियंत्रण को अतिरिक्त शामिल करने का प्रावधान करता है। सीपीसीबी केंद्र और केंद्र शासित प्रदेश स्तर पर प्रावधानों को लागू करता है और एसपीसीबी विभिन्न राज्यों के स्तर पर।

वायु अधिनियम के तहत वायु प्रदूषण और वायु प्रदूषक की परिभाषाएं इस प्रकार हैं:

(a) "वायु प्रदूषक" का अर्थ है कोई भी ठोस, तरल या गैसीय पदार्थ (शोर सहित) जो वातावरण में इतनी सांद्रता में मौजूद है जो मानव या अन्य जीवित प्राणियों या पौधों या संपत्ति या पर्यावरण के लिए हानिकारक हो सकता है;

(b) "वायु प्रदूषण" का अर्थ है किसी वायु प्रदूषक के वातावरण में उपस्थिति;

वायु अधिनियम प्रदूषण नियंत्रण बोर्डों के संविधान और शक्तियों को निर्धारित करता है। इसमें ऑटोमोबाइल और औद्योगिक संयंत्रों से उत्सर्जन के मानक तय करना शामिल है। निर्धारित मानकों से अधिक वायु प्रदूषण का उत्सर्जन प्रतिबंधित है। प्रदूषण नियंत्रण बोर्ड विभिन्न औद्योगिक संयंत्रों, उपयोग किए गए उपकरणों और निर्माण प्रक्रियाओं का निरीक्षण करने के लिए अधिकारियों को भेज सकते हैं और प्रयोगशालाओं में विश्लेषण के लिए नमूने एकत्र कर सकते हैं, ताकि यह सुनिश्चित हो सके कि हवा की गुणवत्ता निर्धारित मानकों के अनुसार है। वायु अधिनियम व्यक्तियों, कंपनियों और यहां तक कि सरकारी विभागों द्वारा विभिन्न उल्लंघनों और अपराधों के लिए दंड का भी प्रावधान करता है। अधिनियम के तहत, राज्य सरकारें वायु प्रदूषण क्षेत्रों को नामित कर सकती हैं, जिनमें औद्योगिक संयंत्रों का संचालन तब तक नहीं किया जा सकता जब तक कि राज्य प्रदूषण नियंत्रण बोर्ड से पूर्व सहमति प्राप्त न हो।

7.2 निष्कर्ष

इस अध्याय में, हमने 1981 के वायु अधिनियम और भारत में वायु प्रदूषण को नियंत्रित करने के लिए इसके विभिन्न प्रावधानों पर चर्चा की है।

8
पर्यावरण संरक्षण अधिनियम 1986

इस अध्याय में हम पर्यावरण संरक्षण अधिनियम 1986 पर चर्चा करते हैं। यह एक अधिनियम है जिसमें पर्यावरण की सुरक्षा के लिए एक ढांचा प्रदान करता है और इससे संबंधित कई प्रावधान हैं।

THE ENVIRONMENT (PROTECTION) ACT, 1986

No. 29 OF 1986

[23rd May, 1986.]

An Act to provide for the protection and improvement of environment and for matters connected there with:

WHEREAS the decisions were taken at the United Nations Conference on the Human Environment held at Stockholm in June, 1972, in which India participated, to take appropriate steps for the protection and improvement of human environment;

AND WHEREAS it is considered necessary further to implement the decisions aforesaid in so far as they relate to the protection and improvement of environment and the prevention of hazards to human beings, other living creatures, plants and property;

BE it enacted by Parliament in the Thirty-seventh Year of the Republic of India as follows:-

CHAPTER I

PRELIMINARY

1. SHORT TITLE, EXTENT AND COMMENCEMENT.-

(1) This Act may be called the Environment (Protection) Act, 1986.

(2) It extends to the whole of India.

(3) It shall come into force on such date as the Central Government may, by notification in the Official Gazette, appoint and different dates may be appointed for different provisions of this Act and for different areas[1].

2.DEFINITIONS.-

In this Act, unless the context otherwise requires,--

(a) "environment" includes water, air and land and the inter- relationship which exists among and between water, air and land, and human beings, other living creatures, plants, micro-organism and property;

चित्र: पर्यावरण संरक्षण अधिनियम 1986 का पहला पृष्ठ

8.1 पर्यावरण संरक्षण अधिनियम 1986 का परिचय

पर्यावरण संरक्षण अधिनियम 1984 की भोपाल गैस त्रासदी की प्रतिक्रिया के रूप में लाया गया था, जहां भोपाल में यूनियन कार्बाइड कीटनाशक संयंत्र से गैसों के रिसाव ने लाखों लोगों को मार डाला या घायल कर दिया था और इसे इतिहास में सबसे खराब औद्योगिक आपदा के रूप में जाना जाता है। इस अधिनियम का उद्देश्य भारत द्वारा हस्ताक्षरित पर्यावरण की सुरक्षा के लिए अंतर्राष्ट्रीय समझौतों को लागू करना था, जैसे स्टॉकहोम में पर्यावरण पर 1972 का संयुक्त राष्ट्र सम्मेलन।

पर्यावरण संरक्षण अधिनियम एक व्यापक कानून है जो भारत में पर्यावरण विनियमन व्यवस्था के लिए एक ढांचा प्रदान करता है और पर्यावरण सुरक्षा और पर्यावरण को खतरे में डालने वाली स्थितियों की प्रतिक्रिया के लिए दीर्घकालिक नियमों की योजना और कार्यान्वयन करता है।

8.2 पर्यावरण संरक्षण अधिनियम 1986 के प्रावधान

अधिनियम केंद्र सरकार की निम्नलिखित शक्तियां प्रदान करता है:

(i) राज्य सरकारों, अधिकारियों और अन्य प्राधिकरणों द्वारा कार्यों का समन्वय (a) इस अधिनियम के तहत, या इसके तहत बनाए गए नियमों के तहत, या (b) किसी अन्य कानून के तहत जो कि वस्तुओं से संबंधित है इस अधिनियम के;

(ii) पर्यावरण प्रदूषण की रोकथाम, नियंत्रण और उपशमन के लिए एक राष्ट्रव्यापी कार्यक्रम की योजना बनाना और उसका क्रियान्वयन करना;

(iii) इसके विभिन्न पहलुओं में पर्यावरण की गुणवत्ता के लिए मानक निर्धारित करना;

(iv) विभिन्न स्रोतों से पर्यावरण प्रदूषकों के उत्सर्जन या निर्वहन के लिए मानक निर्धारित करना: बशर्ते कि उत्सर्जन या निर्वहन के लिए विभिन्न मानकों को इस खंड के तहत विभिन्न स्रोतों से उत्सर्जन की गुणवत्ता या संरचना या पर्यावरण के निर्वहन के संबंध में निर्धारित किया जा सकता है;

(v) उन क्षेत्रों का प्रतिबंध जिसमें कोई उद्योग, संचालन या प्रक्रिया या उद्योगों का वर्ग, संचालन या प्रक्रियाएं नहीं की जाएंगी या कुछ सुरक्षा उपायों के अधीन नहीं की जाएंगी;

(vi) ऐसी दुर्घटनाओं की रोकथाम के लिए प्रक्रियाएं और सुरक्षा उपाय निर्धारित करना जिससे पर्यावरण प्रदूषण हो सकता है और ऐसी दुर्घटनाओं के लिए उपचारात्मक उपाय;

(vii) खतरनाक पदार्थों से निपटने के लिए प्रक्रियाओं और सुरक्षा उपायों को निर्धारित करना;

(viii) ऐसी विनिर्माण प्रक्रियाओं, सामग्रियों और पदार्थों की जांच जिनसे पर्यावरण प्रदूषण होने की संभावना है;

(ix) पर्यावरण प्रदूषण की समस्याओं से संबंधित जांच और अनुसंधान करना और प्रायोजित करना;

(x) किसी परिसर, संयंत्र, उपकरण, मशीनरी, निर्माण या अन्य प्रक्रियाओं, सामग्रियों या पदार्थों का निरीक्षण करना और आदेश द्वारा ऐसे अधिकारियों या व्यक्तियों को ऐसे

निर्देश देना, जो रोकथाम के लिए कदम उठाने के लिए आवश्यक समझे, पर्यावरण प्रदूषण का नियंत्रण और उपशमन;

(xi) इस अधिनियम के तहत ऐसी पर्यावरण प्रयोगशालाओं और संस्थानों को सौंपे गए कार्यों को करने के लिए पर्यावरण प्रयोगशालाओं और संस्थानों की स्थापना या मान्यता;

(xii) पर्यावरण प्रदूषण से संबंधित मामलों के संबंध में सूचना का संग्रह और प्रसार;

(xiii) पर्यावरण प्रदूषण की रोकथाम, नियंत्रण और उपशमन से संबंधित मैनुअल, कोड या गाइड तैयार करना;

(xiv) ऐसे अन्य मामले जो केंद्र सरकार इस अधिनियम के प्रावधानों के प्रभावी कार्यान्वयन को सुनिश्चित करने के उद्देश्य से आवश्यक या समीचीन समझे।

अधिनियम के अनुसार, केंद्र सरकार के पास पर्यावरण प्रदूषण को नियंत्रित करने के लिए नियम बनाने की शक्ति है, जैसे हवा, पानी और मिट्टी की गुणवत्ता के लिए मानक निर्धारित करना और प्रदूषकों के उत्सर्जन की अधिकतम स्वीकार्य एकाग्रता तय करना।

इस अधिनियम में प्रमुख औद्योगिक और बुनियादी गतिविधियों को शामिल किया गया है। यह तटीय क्षेत्रों और पर्यावरण के प्रति संवेदनशील क्षेत्रों में विशिष्ट गतिविधियों को प्रतिबंधित और नियंत्रित भी करता है। ऐसे क्षेत्रों के आसपास 10 किमी बफर जोन स्थापित किए जा रहे हैं। इस अधिनियम में पारिस्थितिक रूप से संवेदनशील क्षेत्रों से दूर उद्योगों के स्थान को विनियमित करने, खतरनाक कचरे के प्रबंधन और सार्वजनिक स्वास्थ्य और कल्याण की सुरक्षा के प्रावधान भी हैं।

यह अधिनियम अन्य पर्यावरण संबंधी कानूनों, जैसे जल अधिनियम और वायु अधिनियम के तहत स्थापित विभिन्न केंद्रीय और राज्य प्राधिकरणों की गतिविधियों के समन्वय का भी प्रावधान करता है। इसमें अधिकारियों द्वारा पौधों आदि के निरीक्षण के प्रावधान हैं। यह गैर-अनुपालन और पर्यावरणीय अपराधों के लिए दंड का भी प्रावधान करता है, जिसमें सरकारी विभागों द्वारा किए गए अपराध भी शामिल हैं। इन जुर्माने में पांच साल तक की कैद या 100000 रुपये तक का जुर्माना, या दोनों, और बार-बार अपराध करने पर इससे भी बदतर सजा शामिल है।

यह अधिनियम केंद्रीय प्रदूषण नियंत्रण बोर्ड और कई राज्य प्रदूषण नियंत्रण बोर्डों, जल अधिनियम और वायु अधिनियम द्वारा पहले स्थापित संस्थाओं द्वारा लागू किया जाता है। सरकार के पास अधिनियम के तहत अतिरिक्त नियमों को अधिसूचित करने का भी अधिकार है।

अधिनियम के तहत निम्नलिखित सांविधिक निकाय स्थापित किए गए हैं:

- जेनेटिक इंजीनियरिंग मूल्यांकन समिति
- राष्ट्रीय तटीय क्षेत्र प्रबंधन प्राधिकरण

8.3 ओजोन-क्षयकारी पदार्थ (विनियमन और नियंत्रण) नियम 2000

इन नियमों का गठन पर्यावरण संरक्षण अधिनियम के तहत किया गया है। ये नियम पृथ्वी के वायुमंडल पर ओजोन (ozone) परत की रक्षा के लिए हैं, जो हमें सूर्य की अल्ट्रावायलेट (यूवी) किरणों से बचाती हैं जो त्वचा के लिए हानिकारक हो सकती हैं।

ये नियम ओजोन परत को नुकसान पहुंचाने वाले ओजोन क्षयकारी पदार्थों के उत्पादन और व्यापार को नियंत्रित करते हैं। ऐसे पदार्थ मुख्य रूप से क्लोरोफ्लोरोकार्बन या सीएफ़सी और एचसीएफसी के हाइड्रोफ्लोरोक्लोरोकार्बन की श्रेणी में आते हैं। सीएफ़सी का मूल रूप से व्यापक रूप से एरोसोल प्रणोदक के रूप में उपयोग किया जाता था, उन्हें ओजोन नियमों के तहत प्रतिबंधित किया गया था। यह नियम अन्य ओजोन क्षयकारी पदार्थ के उपयोग पर भी रोक लगाते हैं, जिनमें हैलोन, ओडीएस जैसे कार्बन टेट्राक्लोराइड और मिथाइल क्लोरोफॉर्म, और एसएफसी, मीटर्ड-डोज़ इनहेलर्स को छोड़कर और अन्य चिकित्सा उद्देश्यों के लिए शामिल हैं।

8.4 निष्कर्ष

इस अध्याय में हमने पर्यावरण संरक्षण अधिनियम 1986 और इसके विभिन्न प्रावधानों पर चर्चा की है।

9

तटीय विनियमन क्षेत्र अधिसूचना 2018

इस अध्याय में हम भारत के तटीय क्षेत्रों की सुरक्षा के लिए तटीय विनियमन क्षेत्र अधिसूचनाओं पर चर्चा करते हैं।

9.1 तटीय विनियमन क्षेत्र अधिसूचनाओं का सारांश

तटीय विनियमन क्षेत्र अधिसूचना नियमों का उद्देश्य भारत के तटीय क्षेत्रों में नाजुक पारिस्थितिकी तंत्र की रक्षा करना है, जो तेजी से विकास और वनों की कटाई से खतरे में हैं। इसका उद्देश्य ग्लोबल वार्मिंग के कारण समुद्र के स्तर में वृद्धि जैसे प्राकृतिक खतरों पर विचार करते हुए क्षेत्रों में सतत विकास को बढ़ावा देना है। उनका उद्देश्य तटीय क्षेत्रों में जैव विविधता की रक्षा करना और मछुआरों जैसे स्थानीय तटीय समुदायों को आजीविका सुरक्षा प्रदान करना है।

तटीय विनियमन क्षेत्रों को विनियमन के लिए 4 क्षेत्रों में वर्गीकृत किया गया है:

- सीआरजेड (CRZ) I: इनमें पारिस्थितिक रूप से संवेदनशील क्षेत्र जैसे मैंग्रोव, प्रवाल भित्तियाँ, नमक दलदल, कछुओं का घोंसला स्थल और अंतर-ज्वारीय क्षेत्र शामिल हैं।
- CRZ II: इनमें तटरेखा के निकट के क्षेत्र शामिल हैं, और जिन्हें विकसित किया गया है।
- CRZ III: इनमें ग्रामीण तटीय क्षेत्रों सहित तटीय क्षेत्र शामिल हैं जो पर्याप्त रूप से निर्मित नहीं हैं।
- CRZ IV: इनमें निम्न ज्वार रेखा (लो टाइड लाइन, LTL) से भारत के क्षेत्रीय जल की सीमा तक का जल क्षेत्र शामिल है।

अधिसूचना के अनुसार, इन क्षेत्रों में विकास के लिए केंद्र और राज्य सरकारों से अलग-अलग स्तर की मंजूरी की आवश्यकता होगी। सीआरजेड (CRZ) 1 और 4 को केंद्र सरकार से मंजूरी की आवश्यकता है जबकि 2 और 3 को राज्य सरकारों से मंजूरी की आवश्यकता

है।

9.2 निष्कर्ष

इस अध्याय में, हमने तटीय विनियमन क्षेत्र अधिसूचनाओं पर चर्चा की है, जिसका उद्देश्य तटीय क्षेत्रों की जैव विविधता की रक्षा करना है।

10

खतरनाक अपशिष्ट प्रबंधन विनियम

इस अध्याय में हम भारत सरकार के खतरनाक अपशिष्ट प्रबंधन नियमों पर चर्चा करते हैं। इनमें खतरनाक अपशिष्ट नियम 2008, बायोमेडिकल अपशिष्ट नियम 1998, नगरपालिका ठोस अपशिष्ट नियम 2000 और बैटरी नियम 2001 शामिल हैं।

10.1 खतरनाक अपशिष्ट प्रबंधन विनियमों का परिचय

खतरनाक अपशिष्ट प्रबंधन नियमों को सुरक्षित प्रबंधन, उत्पादन, प्रसंस्करण, उपचार, पैकेज, भंडारण, परिवहन, पुन: प्रसंस्करण, संग्रह, रूपांतरण, और बिक्री, विनाश और खतरनाक कचरे के निपटान के लिए प्रस्ताव सुनिश्चित करने के लिए अधिसूचित किया गया है।

यदि खतरनाक कचरे को अनियंत्रित तरीके से हवा या पानी या मिट्टी में छोड़ दिया जाता है तो वे पर्यावरण में प्रदूषण फैला सकते हैं। इसलिए इस तरह के कचरे से निपटने के लिए एक उचित व्यवस्था का होना जरूरी है।

खतरनाक अपशिष्ट प्रबंधन नियम 2008 के अनुसार खतरनाक कचरे की परिभाषा इस प्रकार है:

खतरनाक अपशिष्ट का अर्थ है कोई भी अपशिष्ट जो अपनी भौतिक, रासायनिक, प्रतिक्रियाशील, विषाक्त, ज्वलनशील, विस्फोटक या संक्षारक विशेषताओं के कारण खतरे का कारण बनता है या स्वास्थ्य या पर्यावरण के लिए खतरा पैदा करने की संभावना है, चाहे वह अकेले या अन्य कचरे या पदार्थ के संपर्क में हो ।

भारत में खतरनाक अपशिष्ट प्रबंधन नियमों का उद्देश्य सरकार को खतरनाक कचरे के उचित उपचार और निपटान और पर्यावरण की दृष्टि से सही प्रबंधन सुनिश्चित करने में सक्षम बनाना है। नियमों का उद्देश्य ठोस कचरे के प्रबंधन से निपटना है, जिसमें स्रोत पर उनका अलगाव, कचरे का परिवहन, उपचार और अंतिम निपटान शामिल है।

10.2 खतरनाक अपशिष्ट (प्रबंधन और सीमा पार) नियम 2008

खतरनाक अपशिष्ट प्रबंधन नियमों में खतरनाक रसायनों के निर्माण, भंडारण और आयात और खतरनाक कचरे के प्रबंधन के लिए मार्गदर्शन है। नियमों के अनुसार, खतरनाक कचरे के पर्यावरणीय रूप से ध्वनि प्रबंधन के लिए कब्जाधारी जिम्मेदार है, उन्हें यह सुनिश्चित करने की आवश्यकता है कि कचरे में प्रदूषण, जो पर्यावरण के लिए हानिकारक हैं, को रोका जाता है।

राज्य प्रदूषण नियंत्रण बोर्ड को ऐसे कचरे के उत्पादन, संग्रह, प्रसंस्करण, विनाश या रूपांतरण में लगे किसी भी व्यक्ति या संस्था को एक प्राधिकरण प्रदान करना होता है। उन्हें राज्य प्रदूषण नियंत्रण बोर्ड द्वारा अधिसूचित निर्दिष्ट साइटों में एकत्र और पुनर्नवीनीकरण, संग्रहीत और निपटाया जाएगा। अधिभोगी ऐसे कचरे के भंडारण का भी एक रिकॉर्ड बनाए रखेंगे और ऐसे रिकॉर्ड का निरीक्षण राज्य प्रदूषण नियंत्रण बोर्ड द्वारा समय समय पर किया जा सकता है।

नियमों में खतरनाक कचरे के पुनर्चक्रण और पुन: उपयोग की प्रक्रियाएं भी शामिल हैं। केंद्रीय प्रदूषण नियंत्रण बोर्ड या राज्य बोर्डों को यह सत्यापित करने के बाद कि वे खतरनाक कचरे के उपचार के लिए उत्सर्जन मानकों और मानकों का अनुपालन करते हैं, पर्यावरण की दृष्टि से ध्वनि प्रौद्योगिकियों का उपयोग करते हैं और तकनीकी क्षमताएं और सुविधाएं रखते हैं, इस कार्य को करने की इच्छा रखने वाली इकाई को ऐसे कचरे के पुनर्चक्रण के लिए प्राधिकरण देना होगा।

ऐसे कचरे के आयात और निर्यात के लिए विनियम, परिवहन के दौरान कचरे के भंडारण, लेबलिंग और पैकेजिंग के लिए प्रक्रिया और केंद्र और राज्य स्तर पर प्रदूषण नियंत्रण बोर्डों द्वारा निरीक्षण किए जा सकने वाले रिकॉर्ड रखने का भी प्रावधान करते हैं। नियमों में खतरनाक अपशिष्ट उत्पन्न करने वाली प्रक्रियाओं की सूची, उनकी एकाग्रता सीमा वाले कचरे की सूची और ज्वलनशील और जहरीले पदार्थों जैसी खतरनाक विशेषताओं की सूची भी है।

10.3 बायोमेडिकल वेस्ट (प्रबंधन और हैंडलिंग) नियम 1998

ये नियम खतरनाक कचरे के समान ही बनाए गए थे। वे बायोमेडिकल कचरे के उचित निपटान, पृथक्करण और परिवहन के लिए प्रक्रिया प्रदान करते हैं और व्यक्ति या संस्था को उचित प्राधिकरण लेना होता है। जैव चिकित्सा अपशिष्ट में पशु अपशिष्ट, चिकित्सा उपकरण जैसे सीरिंज, जैव प्रौद्योगिकी और सूक्ष्म जीव विज्ञान अपशिष्ट और रासायनिक अपशिष्ट शामिल हैं। प्रक्रियाओं की देखरेख करने वाले निर्धारित प्राधिकरण राज्य और केंद्रीय प्रदूषण नियंत्रण बोर्ड हैं।

10.4 नगरपालिका ठोस अपशिष्ट (प्रबंधन और हैंडलिंग) नियम 2000

ये नियम नगरपालिका अधिकारियों द्वारा कचरे के प्रबंधन को विनियमित करने के लिए हैं। वे नगरपालिका अधिकारियों को पर्यावरण के अनुकूल तरीके से नगरपालिका के ठोस कचरे को संभालने और निपटाने में सक्षम बनाते हैं।

10.5 बैटरी (प्रबंधन और हैंडलिंग) नियम 2001

ये नियम लेड एसिड बैटरियों के कचरे के उचित और प्रभावी प्रबंधन से संबंधित हैं। अधिनियम में ऐसे कचरे को संभालने वाली सभी संस्थाओं, जिसमें निर्माता, असेंबलर आदि शामिल हैं, को इन नियमों के प्रावधानों का पालन करने की आवश्यकता है।

10.6 निष्कर्ष

इस अध्याय में हमने खतरनाक कचरे के प्रबंधन से संबंधित कुछ नियमों पर चर्चा की है।

11
ऊर्जा संरक्षण अधिनियम 2001

इस अध्याय में हम ऊर्जा संरक्षण अधिनियम 2001 पर चर्चा करते हैं, जिसका उद्देश्य ऊर्जा की बर्बादी को कम करना और ऊर्जा दक्षता में सुधार करना है। चूंकि ऊर्जा को पर्यावरण से निकाला जाता है, इसलिए कम ऊर्जा की बर्बादी पर्यावरण संरक्षण के लिए भी एक महत्वपूर्ण कारक है।

THE ENERGY CONSERVATION ACT, 2001

ACT No. 52 OF 2001

[*29th September*, 2001.]

An Act to provide for efficient use of energy and its conservation and for matters connected therewith or incidental thereto.

BE it enacted by Parliament in the Fifty-second Year of the Republic of India as follows:—

CHAPTER I

PRELIMINARY

1. Short title, extent and commencement.—(*1*) This Act may be called the Energy Conservation Act, 2001.

(*2*) It extends to the whole of India except the State of Jammu and Kashmir.

(*3*) It shall come into force on such date[1] as the Central Government may, by notification in the Official Gazette, appoint; and different dates may be appointed for different provisions of this Act and any reference in any such provision to the commencement of this Act shall be construed as a reference to the coming into force of that provision.

2. Definitions.—In this Act, unless the context otherwise requires,—

(*a*) "accredited energy auditor" means [2][an energy auditor accredited in accordance with the provisions of] clause (*p*) of sub-section (*2*) of section 13;

(*b*) "Appellate Tribunal" means the Appellate Tribunal for Energy Conservation [3][referred to in section 30];

[4][(*c*) "building" means any structure or erection or part of structure or erection after the rules relating to energy conservation building codes have been notified under clause (*p*) of section 14 and clause (*a*) of section 15 and includes any existing structure or erection or part of structure or erection, which is having a connected load of 100 Kilowatt (kW) or contract demand of 120 Kilo-volt Ampere (kVA) and above and is used or intended to be used for commercial purposes;]

(*d*) "Bureau" means the Bureau of Energy Efficiency established under sub-section (*1*) of

चित्र: ऊर्जा संरक्षण अधिनियम 2001 का पहला पृष्ठ

11.1 ऊर्जा संरक्षण अधिनियम 2001 का सारांश

ऊर्जा दक्षता में सुधार और अपव्यय को कम करने के लिए ऊर्जा संरक्षण अधिनियम 2001 अधिनियमित किया गया था। यह उपकरण और उपकरणों के लिए ऊर्जा खपत मानकों को निर्दिष्ट करता है।

ऊर्जा दक्षता ब्यूरो (ब्यूरो ऑफ़ एनर्जी एफिशिएंसी, BEE) इस अधिनियम के तहत केंद्र सरकार द्वारा गठित एक वैधानिक निकाय है। इसमें बिजली मंत्री, सचिव, पदेन सदस्य शामिल होते हैं जो विभिन्न ऊर्जा संस्थानों के नेता होते हैं।

ब्यूरो का कार्य इसके लिए उपायों की सिफारिश करके ऊर्जा दक्षता सुनिश्चित करना है, जैसे कि उपकरणों पर लेबल को अधिसूचित करना, ऊर्जा खपत मानदंड और मानकों को स्थापित करना और ऊर्जा उपभोक्ताओं को मानकों को पूरा करने के लिए निर्देश देना, वाणिज्यिक भवनों में ऊर्जा संरक्षण के लिए दिशानिर्देश और बिल्डिंग कोड निर्धारित करना।

इस अधिनियम के तहत, केंद्र सरकार के पास ऊर्जा बचत प्रमाण पत्र जारी करने की शक्ति भी है।

11.2 सारांश

इस अध्याय में, हमने ऊर्जा संरक्षण अधिनियम 2001 पर चर्चा की है जो उपभोक्ता उपकरणों और भवनों में ऊर्जा बचत और ऊर्जा संरक्षण को बढ़ावा देता है।

12

अनुसूचित जनजाति और अन्य पारंपरिक वन निवासी (वन अधिकारों की मान्यता) अधिनियम 2006 (FRA)

इस अध्याय में, हम अनुसूचित जनजाति और अन्य पारंपरिक वन निवासी अधिनियम 2006, जिसे वन अधिकार अधिनियम भी कहा जाता है, पर चर्चा करते हैं। यह अधिनियम वन संसाधनों का उपयोग करने के लिए वनवासी अनुसूचित जनजातियों के अद्वितीय अधिकारों को मान्यता देता है।

12.1 वन अधिकार अधिनियम का सारांश

आदिवासी समुदाय हजारों वर्षों से भारतीय जंगलों में निवास कर रहे हैं। वे पारंपरिक जीवन शैली और आजीविका का पालन करते हैं। इस अधिनियम के अस्तित्व में आने से पहले, उनकी अनूठी जीवन शैली और वन संसाधनों के अधिकारों को मान्यता नहीं दी गई थी, फलस्वरूप उन्हें अक्सर विभिन्न बेईमान एजेंटों द्वारा बेदखल या उत्पीड़ित किया जाता था। वन अधिकार अधिनियम उसी का समाधान करना चाहता है।

वन अधिकार अधिनियम वनवासी समुदायों को वन संसाधनों का उपयोग जारी रखने का अधिकार देता है जिनका वे पारंपरिक रूप से पीढ़ियों से उपयोग करते थे, और उन्हें गैरकानूनी बेदखली से बचाता है। यह वन में रहने वाली अनुसूचित जनजातियों और ऐसे वनों में रहने वाले अन्य लोगों के लिए पीढ़ियों से वन भूमि में वन अधिकारों को मान्यता

देता है और निहित करता है।

PUBLISHED BY AUTHORITY

सं. 2	नई दिल्ली, मंगलवार, जनवरी 2, 2007/ पौष 12, 1928
No. 2	NEW DELHI, TUESDAY, JANUARY 2, 2007/PAUSA 12, 1928

इस भाग में भिन्न पृष्ठ संख्या दी जाती है जिससे कि यह अलग संकलन के रूप में रखा जा सके।
Separate paging is given to this Part in order that it may be filed as a separate compilation

MINISTRY OF LAW AND JUSTICE

(Legislative Department)

New Delhi, the 2nd January, 2007/Pausa 12, 1928 (Saka)

The following Act of Parliament received the assent of the President on the 29th December, 2006, and is hereby published for general information:-

THE SCHEDULED TRIBES AND OTHER TRADITIONAL FOREST DWELLERS (RECOGNITION OF FOREST RIGHTS) ACT, 2006

No. 2 of 2007

[29th December, 2006]

An Act to recognize and vest the forest rights and occupation in forest land in forest dwelling Scheduled Tribes and other traditional forest dwellers who have been residing in such forests for generations but whose rights could not be recorded; to provide for a framework for recording the forest rights so vested and the nature of evidence required for such recognition and vesting in respect of forest land.

WHEREAS the recognised rights of the forest dwelling Scheduled Tribes and other traditional forest dwellers include the responsibilities and authority for sustainable use, conservation of biodiversity and maintenance of ecological balance and thereby strengthening the conservation regime of the forests while ensuring livelihood and food security of the forest dwellings Scheduled Tribes and other traditional forest dwellers;

AND WHEREAS the forest rights on ancestral lands and their habitat were not adequately recognised in the consolidation of State forests during the colonial period as well as in independent India resulting in historical injustice to the forest dwelling Scheduled Tribes and other traditional forest dwellers who are integral to the very survival and sustainability of the forest ecosystem;

AND WHEREAS it has become necessary to address the long standing insecurity of tenurial and access rights of forest dwelling Scheduled Tribes and other traditional forest dwellers including those who were forced to relocate their dwelling due to State development interventions.

BE it enacted by Parliament in the Fifty-seventh Year of the Republic of India as follows:-

चित्र: वन अधिकार अधिनियम 2006 का पहला पृष्ठ

अधिनियम के उद्देश्य इस प्रकार हैं:

- वनवासी समुदायों के साथ ऐतिहासिक अन्याय को पूर्ववत करना।
- वनवासी अनुसूचित जनजातियों और अन्य पारंपरिक वनवासियों की भूमि का कार्यकाल, आजीविका और खाद्य सुरक्षा सुनिश्चित करना।
- टिकाऊ उपयोग, जैव विविधता के संरक्षण और पारिस्थितिक संतुलन के रखरखाव के लिए वन अधिकार धारकों पर जिम्मेदारियों और अधिकार को शामिल करके वनों के संरक्षण व्यवस्था को मजबूत करना।

वन अधिकार अधिनियम जनजातीय मामलों के मंत्रालय के अंतर्गत आता है।

अधिनियम स्थायी उपयोग, जैव विविधता के संरक्षण, और वनों के पारिस्थितिक संतुलन के रखरखाव के साथ-साथ वनवासियों की आजीविका और भोजन को सुनिश्चित करने के लिए जिम्मेदारियों और अधिकार को स्थापित करता है।

अधिनियम वनवासियों के चार प्रकार के अधिकारों की पहचान करता है:

- वन भूमि पर कब्जा करने और रहने का अधिकार। इसमें आदिवासियों या वनवासियों द्वारा खेती की गई भूमि के स्वामित्व के अधिकार शामिल हैं।
- मछली और जलीय संसाधनों और चराई और चारागाह सहित वनवासियों को सामुदायिक अधिकार। इनमें लघु वनोपज निकालने के अधिकार शामिल हैं।
- अवैध बेदखली या जबरन विस्थापन की स्थिति में पुनर्वास का अधिकार।
- परंपरागत रूप से उपयोग किए जा रहे सामुदायिक वन संसाधनों के संरक्षण, पुनर्जनन, संरक्षण या प्रबंधन का अधिकार।

इन अधिकारों के अनुमोदन की प्रक्रिया स्थानीय ग्राम या वन क्षेत्र की ग्राम सभा के प्रस्ताव के माध्यम से होती है, जिसके बाद अनुमोदन से पहले यह तालुका और जिला स्तर पर स्क्रीनिंग के दो स्तरों से गुजरती है। स्क्रीनिंग पूरी होने के बाद, वन समुदाय के अधिकारों को मंजूरी दी जाती है।

12.2 निष्कर्ष

इस अध्याय में हमने वन अधिकार अधिनियम पर चर्चा की है, जो वन भूमि पर पारंपरिक वन समुदायों के अधिकारों को संरक्षित करने का प्रयास करता है।

13

जैविक विविधता अधिनियम 2002

इस अध्याय में हम जैविक विविधता अधिनियम 2002 पर चर्चा करते हैं। इस अधिनियम का उद्देश्य भारत में जैविक विविधता को संरक्षित करना और जैविक संसाधनों से लाभों को साझा करना है।

THE BIOLOGICAL DIVERSITY ACT, 2002

ACT NO. 18 OF 2003

[*5th February*, 2003.]

An Act to provide for conservation of biological diversity, sustainable use of its components and fair and equitable sharing of the benefits arising out of the use of biological resources, knowledge and for matters connected therewith or incidental thereto.

WHEREAS India is rich in biological diversity and associated traditional and contemporary knowledge system relating thereto.

AND WHEREAS India is a party to the United Nations Convention on Biological Diversity signed at Rio de Janeiro on the 5th day of June, 1992;

AND WHEREAS the said Convention came into force on the 29th December, 1993;

AND WHEREAS the said Convention reaffirms the sovereign rights of the States over their biological resources;

AND WHEREAS the said Convention has the main objective of conservation of biological diversity, sustainable use of its components and fair and equitable sharing of the benefits arising out of utilisation of genetic resources;

AND WHEREAS it is considered necessary to provide for conservation, sustainable utilisation and equitable sharing of the benefits arising out of utilisation of genetic resources and also to give effect to the said Convention.

BE it enacted by Parliament in the Fifty-third Year of the Republic of India as follows:—

CHAPTER I

PRELIMINARY

1. Short title, extent and commencement.—(*1*) This Act may be called the Biological Diversity Act, 2002.

(*2*) It extends to the whole of India.

(*3*) It shall come into force on such date[1] as the Central Government may, by notification in the Official Gazette, appoint:

Provided that different dates may be appointed for different provisions of this Act and any reference in any such provision to the commencement of this Act shall be construed as a reference to the coming

चित्र: जैविक विविधता अधिनियम 2002 का पहला पृष्ठ

13.1 जैविक विविधता अधिनियम 2002 का परिचय

जैविक विविधता अधिनियम 2002 का उद्देश्य भारत की जैविक विविधता को संरक्षित करना और पारंपरिक जैविक संसाधनों या उपचारों का पेटेंट कराने वाली विदेशी कंपनियों के द्वारा जैव-चोरी (बायोपाइरेसी) की जांच करना है। यह जैव विविधता पर संयुक्त राष्ट्र सम्मेलन (सीबीडी, CBD) 1992 से प्रेरित था जिसमें भारत ने भी भाग लिया था और जो देशों के अपने जैविक संसाधनों के अधिकारों को मान्यता देता है।

इस अधिनियम में जैविक विविधता की निम्नलिखित परिभाषा है:

"जैविक विविधता" का अर्थ है सभी स्रोतों और पारिस्थितिक परिसरों से जीवों के बीच परिवर्तनशीलता, जिसका वे हिस्सा हैं और इसमें प्रजातियों के भीतर या प्रजातियों और

पारिस्थितिकी प्रणालियों के बीच विविधता शामिल है;

यह अधिनियम निम्नलिखित निकायों की स्थापना करता है:

* राष्ट्रीय जैव विविधता प्राधिकरण
* राज्य जैव विविधता बोर्ड
* जैव विविधता प्रबंधन समितियां

राष्ट्रीय जैव विविधता प्राधिकरण के अनुमोदन के बिना जैव विविधता संबंधी गतिविधियां नहीं की जा सकती हैं। किसी भी व्यक्ति या संगठन को इस क्षेत्र में पेटेंट या बौद्धिक संपदा संरक्षण के लिए आवेदन करने से पहले जैव विविधता प्राधिकरण को आवेदन करना होगा।

प्राधिकरण केंद्र सरकार को जैव विविधता, इसके घटकों के सतत उपयोग और जैविक संसाधनों के उपयोग से लाभ के समान बंटवारे के मामलों पर सलाह भी देता है।

इस अधिनियम के लक्ष्यों में पारंपरिक ज्ञान की सुरक्षा, बायोपाइरेसी की रोकथाम और लोगों और कंपनियों को बिना सरकारी अनुमति के पेटेंट के लिए आवेदन करने से रोकना शामिल है।

इस अधिनियम में जैव विविधता के संरक्षण, राज्य अधिसूचना और जैविक विविधता क्षेत्रों के संरक्षण, और लुप्तप्राय प्रजातियों की अधिसूचना के लिए राष्ट्रीय और राज्य योजनाओं के विकास के प्रावधान भी हैं। यह अधिनियम यह सुनिश्चित करने का भी प्रयास करता है कि उपलब्ध जैविक संसाधनों, उनके उप-उत्पादों, ज्ञान और संबंधित प्रथाओं से लाभ समान रूप से ऐसे लाभों (जैसे पेटेंट) और स्थानीय निकायों को प्राप्त करने के लिए आवेदन करने वाले व्यक्ति या संगठन के बीच साझा किया जाता है।

13.2 निष्कर्ष

इस अध्याय में हमने जैव विविधता अधिनियम 2002 पर चर्चा की है, जो देश में जैव विविधता को संरक्षित और संरक्षित करने और इसके लाभों को समान रूप से साझा करने का प्रावधान करता है।

14

राष्ट्रीय हरित अधिकरण अधिनियम (NGT) 2010

इस अध्याय में हम राष्ट्रीय हरित अधिकरण अधिनियम 2010 पर चर्चा करते हैं। इस अधिनियम का मुख्य उद्देश्य राष्ट्रीय हरित अधिकरण की स्थापना करना था, जो पर्यावरण संबंधी मुद्दों से संबंधित मामलों को तेजी से निपटाने के लिए एक विशेष न्यायाधिकरण है। ट्रिब्यूनल की स्थापना ने भारत में विभिन्न पर्यावरणीय कृत्यों को बढ़ावा दिया है।

14.1 राष्ट्रीय हरित अधिकरण अधिनियम 2010 का परिचय

नेशनल ग्रीन ट्रिब्यूनल (NGT) एक्ट 2010 की स्थापना प्रदूषण और पर्यावरणीय क्षति के लिए उपचार प्रदान करने और इस प्रकार पर्यावरण को अधिक प्रभावी तरीके से संरक्षित करने के लिए की गई थी।

इस एक्ट की तहत नेशनल ग्रीन ट्रिब्यूनल की स्थापना 2010 में भारत सरकार द्वारा की गई थी। यह एक विशेष निकाय है जो पर्यावरण संरक्षण से संबंधित मामलों को तेजी से तय करने के लिए समर्पित है। इसका उद्देश्य पर्यावरण से संबंधित मामलों में उच्च न्यायालयों पर बोझ को कम करना है।

यह विचार था कि प्रदूषण, विशेष रूप से औद्योगिक अपशिष्टों के कारण, प्रबंधनीय स्तरों के भीतर रखा जाए और इस प्रकार सतत विकास सुनिश्चित किया जाए, जो कि भारत जैसे तेजी से विकासशील देश के लिए विशेष रूप से महत्वपूर्ण है। इसके लिए प्रदूषण और पर्यावरणीय क्षति के पीड़ितों को त्वरित उपचार और मुआवजा सुनिश्चित करना महत्वपूर्ण है।

अधिनियम अपने स्वयं के उद्देश्य को निम्नानुसार परिभाषित करता है:पर्यावरण से संबंधित किसी भी कानूनी अधिकार को लागू करने और व्यक्तियों को नुकसान के लिए राहत और मुआवजा देने सहित पर्यावरण संरक्षण और वनों और अन्य प्राकृतिक संसाधनों के संरक्षण से संबंधित मामलों के प्रभावी और शीघ्र निपटान के लिए एक राष्ट्रीय हरित अधिकरण की स्थापना के लिए एक अधिनियग और संपत्ति और उसारो जुड़े या उराके

आनुषंगिक मामलों के लिए।

रजिस्ट्री सं॰ डी॰ एल॰—(एन)04/0007/2003—10   REGISTERED NO. DL—(N)04/0007/2003—10

भारत का राजपत्र
The Gazette of India

असाधारण

EXTRAORDINARY

भाग II — खण्ड 1

PART II — Section 1

प्राधिकार से प्रकाशित

PUBLISHED BY AUTHORITY

सं॰ 25]   नई दिल्ली, बुधवार, जून 2, 2010 / ज्येष्ठ 12, 1932
No. 25]   NEW DELHI, WEDNESDAY, JUNE 2, 2010 / JYAISTHA 12, 1932

इस भाग में भिन्न पृष्ठ संख्या दी जाती है जिससे कि यह अलग संकलन के रूप में रखा जा सके।
Separate paging is given to this Part in order that it may be filed as a separate compilation.

MINISTRY OF LAW AND JUSTICE

(Legislative Department)

New Delhi, the 2nd June, 2010/Jyaistha 12, 1932 (Saka)

The following Act of Parliament received the assent of the President on the 2nd June, 2010, and is hereby published for general information:—

THE NATIONAL GREEN TRIBUNAL ACT, 2010

(No. 19 of 2010)

[2nd June, 2010.]

An Act to provide for the establishment of a National Green Tribunal for the effective and expeditious disposal of cases relating to environmental protection and conservation of forests and other natural resources including enforcement of any legal right relating to environment and giving relief and compensation for damages to persons and property and for matters connected therewith or incidental thereto.

AND WHEREAS India is a party to the decisions taken at the United Nations Conference on the Human Environment held at Stockholm in June, 1972, in which India participated, calling upon the States to take appropriate steps for the protection and improvement of the human environment;

AND WHEREAS decisions were taken at the United Nations Conference on Environment and Development held at *Rio de Janeiro* in June, 1992, in which India participated, calling upon the States to provide effective access to judicial and administrative proceedings, including redress and remedy and to develop national laws regarding liability and compensation for the victims of pollution and other environmental damage;

चित्र: नेशनल ग्रीन ट्रिब्यूनल एक्ट 2010 का फ्रंट पेज

14.2 अधिनियम के तहत राष्ट्रीय हरित अधिकरण

1992 में ब्राजील के रियो डी जनेरियो में रियो शिखर सम्मेलन या पर्यावरण और विकास पर संयुक्त राष्ट्र सम्मेलन के लिए भारत सरकार की प्रतिक्रिया के रूप में इस अधिनियम के तहत नेशनल ग्रीन ट्रिब्यूनल की स्थापना की गई थी। रियो शिखर सम्मेलन एक अंतरराष्ट्रीय शिखर सम्मेलन था जिसमें सभी देशों को एक साथ लाया गया था, जिससे की पर्यावरणीय मुद्दों पर समन्वित कार्रवाई हो और पर्यावरण के नुकसान से मानवता के अस्तित्व को खतरा न हो। 1972 में स्टॉकहोम में पर्यावरण से संबंधित एक पूर्व संयुक्त राष्ट्र सम्मेलन, जिसमें भारत ने भी भाग लिया था, को भी इस अधिनियम के लिए प्रेरणा के रूप में उल्लेख किया गया है। एक अन्य प्रेरणा का उल्लेख संविधान का अनुच्छेद 21 है, जो नागरिकों को स्वस्थ वातावरण का अधिकार देता है।

नेशनल ग्रीन ट्रिब्यूनल, जिसे इस अधिनियम के तहत गठित किया गया था, की नई दिल्ली (उत्तर), पुणे (पश्चिम), भोपाल (मध्य), चेन्नई (दक्षिण) और कोलकाता (पूर्व) में क्षेत्रीय अधिकार क्षेत्र के साथ पांच शाखाएं हैं।

ट्रिब्यूनल में निम्नलिखित सदस्य होते हैं, जिनकी ट्रिब्यूनल में पांच साल की अवधि होती है:

* एक पूर्णकालिक अध्यक्ष। ट्रिब्यूनल के अध्यक्ष आमतौर पर सर्वोच्च न्यायालय के सेवानिवृत्त न्यायाधीश होते हैं।
* 10 से 20 न्यायिक सदस्य, जिनमें आमतौर पर उच्च न्यायालयों के अन्य सेवानिवृत्त न्यायाधीश शामिल होते हैं।
* पर्यावरण संरक्षण के क्षेत्र में 10 से 20 विशेषज्ञ सदस्य। इनके पास कम से कम 15 साल का प्रशासनिक अनुभव होना चाहिए, जिसमें से 5 पर्यावरण संरक्षण के क्षेत्र में होने चाहिए।

ट्रिब्यूनल के पास नागरिक मामलों पर अधिकार क्षेत्र है जो मुख्य रूप से पर्यावरण से संबंधित हैं, जैसे पर्यावरण या प्रदूषण से होने वाली क्षति, वनों और अन्य प्राकृतिक संसाधनों की सुरक्षा और पर्यावरणीय कानूनी दावों को लागू करना। इसके द्वारा दिए जाने वाले उपचारों में निम्नलिखित शामिल हो सकते हैं:

* मृत्यु, चोट या क्षति के मामलों सहित प्रदूषण और पर्यावरणीय क्षति के पीड़ितों को राहत और मुआवजा
* क्षतिग्रस्त संपत्ति की बहाली
* पर्यावरण की बहाली

नेशनल ग्रीन ट्रिब्यूनल को छह महीने के भीतर पर्यावरणीय मामलों को हल करना चाहिए, जिससे त्वरित न्याय सुनिश्चित हो सके।

निम्नलिखित अधिनियमों के तहत पहले किए गए किसी भी निर्णय के लिए ट्रिब्यूनल के पास अपीलीय क्षेत्राधिकार भी है:

- जल (प्रदूषण की रोकथाम और नियंत्रण) अधिनियम 1974
- जल (प्रदूषण की रोकथाम और नियंत्रण) उपकर अधिनियम 1977
- वायु (प्रदूषण की रोकथाम और नियंत्रण) अधिनियम 1981
- वन (संरक्षण) अधिनियम 1980
- पर्यावरण संरक्षण अधिनियम 1986
- जैविक विविधता अधिनियम 2002
- वन संरक्षण अधिनियम, 1980
- सार्वजनिक देयता बीमा अधिनियम 1991

हालाँकि, निम्नलिखित दो कानूनी कृत्यों को इसके अधिकार क्षेत्र से बाहर रखा गया है:

- वन्यजीव संरक्षण अधिनियम 1972
- अनुसूचित जनजाति और अन्य पारंपरिक वनवासी (वन अधिकारों की मान्यता) अधिनियम 2006 (एफआरए)

ट्रिब्यूनल अपने आदेशों का पालन न करने की स्थिति में उल्लंघन करने वाले पक्षों को दंड भी दे सकता है।

ट्रिब्यूनल के फैसलों के खिलाफ उच्च न्यायालयों और सर्वोच्च न्यायालय में अपील की जा सकती है।

14.3 निष्कर्ष

इस अध्याय में हमने राष्ट्रीय हरित अधिकरण अधिनियम और राष्ट्रीय हरित अधिकरण के कार्यों और शक्तियों पर चर्चा की है।

15

वन्यजीव संरक्षण अधिनियम 1972

इस अध्याय में हम वन्यजीव संरक्षण अधिनियम 1972 पर चर्चा करते हैं, जो भारत के पौधों और जानवरों की प्रजातियों की रक्षा करता है। यह उन प्रजातियों की एक श्रृंखला देता है जो संरक्षित हैं। विभिन्न प्रजाति कितनी महत्वपूर्ण और लुप्तप्राय हैं इसके आधार पर अलग-अलग डिग्री के संरक्षण इन्हे प्रदान किये गए हैं। यह अधिनियम वन्यजीवों के संरक्षण के विभिन्न महत्वपूर्ण पहलुओं के लिए जिम्मेदार कुछ एजेंसियों की भी स्थापना करता है।

15.1 वन्यजीव संरक्षण अधिनियम का सारांश

दशकों के अवैध शिकार और तस्करी और जंगलों में अतिक्रमण के बाद, भारत में वन्य जीवन खतरे में पड़ गया है। रॉयल बंगाल टाइगर जैसी कई प्रजातियां लुप्तप्राय हैं। उनकी खाल के लिए बाघों और तेंदुओं का अवैध शिकार और हाथी दांत के लिए हाथियों का अवैध शिकार इसके कुछ उदाहरण हैं।

ऐसी घटनाओं को रोकने और भारत के वन्यजीवों की रक्षा के लिए, भारतीय संसद द्वारा 1972 में वन्यजीव संरक्षण अधिनियम बनाया गया था। यह अवैध शिकार और वन्यजीवों के अवैध व्यापार पर प्रतिबंध लगाता है एवं वन्यजीवों की कुछ प्रजातियों के लिए सुरक्षा प्रदान करता है। यह वन्यजीव अभयारण्यों, राष्ट्रीय उद्यानों और संरक्षित भंडार जैसे वन्यजीवों के लिए संरक्षित क्षेत्रों की स्थापना करता है। यह विभिन्न चिड़ियाघरों, राष्ट्रीय उद्यानों और भंडारों के प्रबंधन के लिए निकायों की स्थापना करता है। यह वन्यजीवों के लिए एक राष्ट्रीय बोर्ड का भी गठन करता है जिसमें प्रधान मंत्री, विभिन्न मंत्री और सचिव शामिल होते हैं, साथ ही साथ राज्य बोर्डों का भी गठन करता है।

मूल अधिनियम को और अधिक प्रभावी बनाने के लिए इसे कई बार संशोधित किया गया है। विशेष रूप से 2002 के संशोधन अधिनियम जिसने दंड को और अधिक कठोर बना दिया और बेहतर प्रवर्तन का प्रावधान किया।

वन्यजीव संरक्षण अधिनियम लुप्तप्राय जानवरों और पौधों और पक्षियों सहित भारतीय वन्यजीवों की सुरक्षा प्रदान करता है, जिनकी प्रजातियों का उल्लेख सूचियों में किया गया है। यह अधिनियम पूरे भारत में उपयुक्त है।

THE WILD LIFE (PROTECTION) ACT, 1972[*]

ACT NO. 53 OF 1972

[9th September, 1972.]

[1][An Act to provide for the protection of wild animals, birds and plants and for matters connected therewith or ancillary or incidental thereto with a view to ensuring the ecological and environmental security of the country.]

[2]*   *   *   *   *

CHAPTER I

PRELIMINARY

1. Short title, extent and commencement.—(*1*) This Act may be called the Wild Life (Protection) Act, 1972.

[3][(*2*) It extends to the whole of India except the State of Jammu and Kashmir.]

(*3*) It shall come into force in a State or Union territory to which it extends [4]*** on such date as the Central Government may, by notification, appoint, and different dates may be appointed for different provisions of this Act or for different States or Union territories.

2. Definitions.—In this Act, unless the context otherwise requires,—

[5][(*1*) "animal" includes amphibians, birds, mammals and reptiles and their young, and also includes, in the cases of birds and reptiles, their eggs;]

(*2*) "animal article" means an article made from any captive animal or wild animal, other than vermin, and includes an article or object in which the whole or any part of such animal [6][has been used, and ivory imported into India and an article made therefrom];

[7]*   *   *   *   *

[8][(*4*) "Board" means a State Board for Wild Life constituted under sub-section (1) of section 6;]

(*5*) "captive animal" means any animal, specified in Schedule I, Schedule II, Schedule III or Schedule IV, which is captured or kept or bred in captivity;

[9]*   *   *   *   *

(*7*) "Chief Wild Life Warden" means the person appointed as such under clause (*a*) of sub-section (*1*) of section 4;

[10][(*7A*) "circus" means an establishment, whether stationary or mobile, where animals are kept or used wholly or mainly for the purpose of performing tricks or manoeuvres;]

[11]*   *   *   *   *

[12][(*9*) "Collector" means the chief officer in charge of the revenue administration of a district or any other officer not below the rank of a Deputy Collector as may be appointed by the State Government under section 18B in this behalf;]

(*10*) "commencement of this Act", in relation to—

चित्र: वन्यजीव संरक्षण अधिनियम 1972 का फ्रंट पेज

15.2 वन्यजीव संरक्षण अधिनियम की अनुसूचियां

इस अधिनियम में छह अनुसूचियां हैं जो वन्यजीवों की अलग-अलग डिग्री में रक्षा करती हैं:

- अनुसूचियों 1 और 2 में जानवरों की प्रजातियों की एक सूची है जिन्हें उच्चतम स्तर की सुरक्षा दी गई है और इनके तहत अपराधों में सबसे अधिक दंड है। अनुसूची 1 में चीता, काला हिरण, बाघ और भारतीय शेर, साथ ही संरक्षित उभयचर और सरीसृप जैसे मगरमच्छ और अजगर जैसी प्रजातियां शामिल हैं। अपराधों के लिए निर्धारित कारावास 3 साल से 7 साल तक है और बाद के अपराधों के लिए न्यूनतम 10000 रुपये का जुर्माना और 25000 रुपये का जुर्माना है।
- अनुसूची 3 और 4 में कुछ और वन्यजीव प्रजातियों की सूची है जो संरक्षित हैं, हालांकि दंड अनुसूची 1 और 2 से कम है।
- अनुसूची 5 में कीटों या कीड़ों की एक सूची है जिसमें आम कौवे, फल चमगादड़, चूहे और चूहे शामिल हैं जो फसलों और पर्यावरण के लिए हानिकारक हैं और जिनका स्वतंत्र रूप से शिकार किया जा सकता है।
- अनुसूची 6 में स्थानिक पौधों की एक सूची है जो खेती और रोपण से प्रतिबंधित हैं। ऐसे पौधों में घड़े का पौधा और नीला और लाल वंदा शामिल हैं।

15.3 वन्यजीव संरक्षण अधिनियम के तहत स्थापित वैधानिक निकाय

वन्यजीव संरक्षण अधिनियम कई महत्वपूर्ण वैधानिक निकायों की भी स्थापना करता है जिनकी जिम्मेदारी वन्यजीव संरक्षण के विभिन्न पहलुओं में निहित है।

ये निकाय इस प्रकार हैं:

- राष्ट्रीय वन्यजीव बोर्ड और राज्य वन्यजीव सलाहकार बोर्ड
- केंद्रीय चिड़ियाघर प्राधिकरण
- वन्यजीव अपराध नियंत्रण ब्यूरो
- राष्ट्रीय बाघ संरक्षण प्राधिकरण

15.4 निष्कर्ष

इस अध्याय में हमने वन्यजीव संरक्षण अधिनियम और उसके प्रावधानों के बारे में जाना।

16

निष्कर्ष

इस पुस्तक में हमने पारिस्थितिकी और पर्यावरण का परिचय प्रस्तुत किया है और भारत में कुछ महत्वपूर्ण कानूनों का अध्ययन किया है जिनका उद्देश्य पर्यावरण के विभिन्न पहलुओं को संरक्षित करना है।

भारत में पर्यावरण संरक्षण से संबंधित पर्याप्त कानून हैं, हालांकि चुनौती यह सुनिश्चित करने की है कि उन्हें ठीक से लागू किया जाए। पर्यावरण संरक्षण के लक्ष्य की दिशा में संयुक्त रूप से काम करने की जिम्मेदारी सरकार की विभिन्न एजेंसियों, मीडिया और यहां तक कि आम नागरिकों की भी है।

चूंकि विश्व का पर्यावरण विभिन्न देशों के सभी लोगों द्वारा साझा किया जाता है, इसलिए पर्यावरण संरक्षण प्रभावी नहीं हो सकता है यदि भारत जैसे कोई एक देश अकेले इसके लिए प्रयास करता है। ग्लोबल वार्मिंग और प्रदूषण वास्तव में हमारे अस्तित्व के लिए खतरा हैं। इसलिए, भारत और अन्य देशों को मिलकर प्रदूषण को कम करने और हमारे पर्यावरण को बहाल करने के लिए एक ठोस प्रयास करना होगा। हमारी आने वाली पीढ़ियों की खातिर इस दुनिया के अस्तित्व को सुनिश्चित करने के लिए यह आवश्यक है।

लेखक के बारे में

शिव प्रसाद बोस भारतीय कानूनों के पहलुओं से संबंधित कई परिचयात्मक गाइडबुक के लेखक हैं। वह वर्तमान में लखनऊ में उत्तर प्रदेश पावर कॉर्पोरेशन लिमिटेड में कई वर्षों की सेवा के बाद सेवानिवृत्त हुए हैं। उन्होंने कोलकाता के जादवपुर विश्वविद्यालय से इलेक्ट्रिकल इंजीनियरिंग की डिग्री प्राप्त की और मेरठ विश्वविद्यालय, मेरठ से कानून की डिग्री और एमएमएच कॉलेज गाजियाबाद से बीएससी किया। उनकी रुचि परिवार कानून, नागरिक कानून, अनुबंधों के कानून और बिजली से संबंधित मुद्दों से संबंधित कानून के क्षेत्रों में है।

शिव प्रसाद बोस की अन्य पुस्तकें

वसीयत और प्रोबेट का परिचय: भारतीय कानून के अनुसार

- वरिष्ठ नागरिकों से दुर्व्यवहार: और इसे कैसे रोका जाये
- पड़ोसियों के साथ समस्याएं: और इनसे कैसे निपटें
- अदालती मुकदमों में मानसिक शक्ति बढ़ाएं
- परक्राम्य लिखतों का परिचय
- विवाह कानूनों का परिचय
- पुस्तकों और ई-पुस्तकों को स्वयं प्रकाशित करें
- अदालती मामलों में देरी: कारण और समाधान
- पेटेंट और पेटेंट कानून का परिचय
- संपत्ति कानून का परिचय
- टॉर्ट कानून का परिचय
- नई दिल्ली में छोटा बंगाल: चितरंजन पार्क गाइडबुक

www.ingramcontent.com/pod-product-compliance
Lightning Source LLC
Chambersburg PA
CBHW050809160726
48004CB00002B/768